Katsaus yhteistoiminnan historiaan

Pekka Suonsivu

Katsaus yhteistoiminnan historiaan

Katsaus yhteistoiminnan historiaan

Pekka Suonsivu

Tekijä on saanut Suomen tietokirjailijat ry:n apurahan

© 2023, Pekka Suonsivu

Kustantaja: BoD - Books on Demand, Helsinki, Suomi

Valmistaja: BoD - Books on Demand, Norderstedt, Saksa

ISBN: 978-951-56-8934-4

Lukijalle

Työnantajan ja henkilöstön yhteistoimintaa työpaikoilla säätelevät yhteistoimintalait sekä työmarkkinaosapuolten väliset valtakunnalliset ja paikalliset sopimukset. Julkisuudessa yhteistoiminnasta puhuttaessa korostuu usein työvoiman vähentämiseen kohdistuvat yt-neuvottelut, jotka antavat koko yhteistoiminnalle negatiivisen sävyn. Paljon vähemmän näkee myönteisiä uutisia organisaatioissa ja työpaikoilla tehdyistä kehittämistöistä ja niiden tuloksista. Työnantajan ja henkilöstön yhteistoiminta on parhaimmillaan silloin, kun osapuolten voimavarat yhdistetään yhteisten päämäärien saavuttamiseksi. Haetaan siis kumpaakin osapuolta ja koko työyhteisöä hyödyttäviä ratkaisuja yhdessä. Tämä edellyttää sekä työnantajan edustajilta että henkilöstön edustajilta tahtoa, taitoa, tietoa ja ennen kaikkea luottamusta.

Yhteistoimintamenettely ei rajoita päättäjien päätösvaltaa, mutta työnantajan on ennen päätöksentekoa neuvoteltava yhteistoiminnan hengessä suunniteltujen toimenpiteiden perusteista, vaihtoehdoista ja vaikutuksista ainakin niiden työntekijöiden tai heidän edustajiensa kanssa, joita asia koskee.

Elämme aikaa, jolloin yhteistoiminnan merkitys korostuu entisestään. Työelämä muuttuu, etätyö on lisääntynyt, osaavista työntekijöistä on pulaa, henkilöstön uupumus on lisääntynyt, väestö ikääntyy ja toiminnan resurssit ovat rajalliset. Jotta yhteiskunta pystyy hoitamaan velvoitteensa ja yritykset menestyvät, tulee työorganisaatioiden saada johtamisen ja päätöksenteon sekä työhyvinvoinnin tueksi kaikki tieto ja osaaminen sekä työnantajan edustajilta että henkilöstöltä.

Yhteistoiminta yrityksissä pohjautuu vuonna 1978 säädettyyn lakiin. Kunta-alalla yhteistoiminnassa on edetty vuoden 1977 työpaikkademokratiaa koskevan suosituksen pohjalta ja vuoden 1993 virka- ja työehtosopimusluonteisen yleissopimuksen kautta nykymuotoiseen, vuonna 2007 säädetyn yhteistoimintalain mukaiseen, yhteistoimintamenettelyyn. Työsuojelun yhteistoimintaa säätelee laki työsuojelun yhteistoiminnasta vuodelta 2006 sekä kunnallisen alan työsuojelun yhteistoimintasopimus vuodelta 2008.

Tämän kirjan tarkoituksena on luoda historiallinen katsaus yhteistoiminnan kehitykseen ja eri vaiheisiin Suomessa. Kirja sisältää myös historiallista taustaa henkilöstön vaikutusmahdollisuuksien kehityksestä hallinto- ja johtamisteorioiden kautta. Säädösten ja sopimusten lisäksi kirja avaa yhteistoimintaan liittyviä käsitteitä sekä sisältää tutkimustietoa ja kirjoittajan omakohtaisia kokemuksia ja havaintoja yhteistoiminnan toteutumisesta ja kehityksestä. Työnantajan ja henkilöstön yhteistoiminta kuului osana kirjoittajan työhön 35 vuoden ajan, jolloin hän työskenteli sairaalakuntainliiton ja sairaanhoitopiirin kuntayhtymän henkilöstöhallinnossa. Kirjan sisällössä painottuukin työnantajan ja henkilöstön välinen yhteistoiminta kunta-alalla.

Kirjan kohderyhmänä ovat työorganisaatioiden johtajat ja esimiehet sekä henkilöstön edustajat. Kirja soveltuu myös tietoteokseksi hallintoa opiskeleville ja yhteistoiminnan historiasta ja kehittämisestä kiinnostuneille.

Tampereella 1.6.2023

Pekka Suonsivu

Sisältö

10

11

Yhteistoiminta ja yhteistoiminta- menettely

Työelämässä yksityiset yritykset pyrkivät saamaan toiminnasta mahdollisimman paljon voittoa osakkeen-omistajilleen (profit-making organizations). Julkiset organisaatiot sitä vastoin ovat ei-voittoa tuottavia (non-profit organizations). Henkilöstö haluaa saada työstään kunnollisen toimeentulon. Työn pitää myös olla mielekästä sekä terveellistä ja turvallista. Molemmissa organisaatiomuodoissa hyvä yhteistoiminta edesauttaa osapuolten tavoitteisiin pääsyä.

Työnantajan ja henkilöstön välistä yhteistoimintaa on ollut työpaikoilla jossain muodossa jo paljon ennen kuin siitä on sopimuksilla tai lainsäädännöllä säädelty. Valveutuneet työnantajat ovat kuulleet työntekijöitään ja ymmärtäneet yhteisen edun merkityksen.

Käsitteenä yhteistoiminta tarkoittaa sitä, että vastakkain olevien osapuolten intressit pyritään yhteistoiminnan avulla sovittamaan yhteen (Syvänen 2003,73).

Yhteistoimintamenettely tarkoittaa määrämuotoista, lailla säädeltyä ja sopimuksilla sovittua tapaa järjestää työnantajan ja henkilöstön välinen yhteistoiminta käytännössä. Yhteistoimintamenettelyn piiriin kuuluvissa asioissa työnantajan on ennen asian ratkaisemista neuvoteltava yhteistoiminnan hengessä valmisteilla olevan toimenpiteen perusteista, vaikutuksista ja vaihtoehdoista ainakin niiden viranhaltijoiden ja työntekijöiden tai heidän edustajiensa kanssa, joita asia koskee. Yhteistoimintaa ja osallistumista tapahtuu itse työssä, esimiehen ja alaisen välillä, työpaikkatasolla sekä edustuksellisena yhteistoimintana.

Yhteistoimintamenettelyn keskeinen idea on antaa henkilöstölle mahdollisuus vaikuttaa heidän omaa työtään tai työyhteisöään koskevien päätösten valmisteluun eli vaikuttaa asioihin ennen kuin niistä päätetään. Yhteistoimintamenettely kytkeytyy siis vahvasti johtamiseen ja hallinnolliseen päätöksentekoon työorganisaatioissa. Yhteistoimintamenettely on kanava, väline ja keino saada päätöksenteon tueksi henkilöstön näkemykset sekä selvittää henkilöstölle päätösten perusteluja ja vaikutuksia. (Suonsivu 2018.)

Yhteistoiminnalle ovat ominaista seuraavan sivun taulukossa esitetyt piirteet (Sädevirta 2004).

Osapuolten joko täysin yhtenevät tai osaksi eriävinäkin yhdistettävissä ovat tavoitteet

Tavoitteiden saavuttamisen keinot eivät saa tehdä tyhjäksi minkään osapuolen tavoitteiden saavuttamista

Osapuolet suhtautuvat toisiinsa kumppaneina ja resursseina yhteisten tavoitteiden saavuttamisessa

Osapuolet sitoutuvat käyttämään laajalti tutkimustietoa, erilaisia ongelmanratkaisumenettelyjä ja tarvittaessa ulkopuolisia asiantuntijoita vaikeiden ongelmakysymysten selvittämiseksi

Yhteinen toiminta merkitsee tarvittaessa erilaisten tulkintojen yhdistämistä yhdeksi kollektiiviseksi toiminnaksi

Voimakkaan kollektiivisen me-asenteen ja me-tahdon kehittäminen, jossa hyväksytään kriittinen keskustelu ja erilaisten näkökohtien esittäminen

Kaikinpuolisen luottamuksen kehittämine pitkällä aikavälillä ja luottamusta heikentävien tekojen vähentäminen

Toimintaympäristön taholta yhteistoiminnalle tuleva tuki tai ainakin yhteistoiminnalle vihamielisten toimenpiteiden välttäminen

Työnantajan ja henkilöstön vuorovaikutuksen merkitys

Työnantajan ja henkilöstön välisen yhteistoiminnan onnistumisen kannalta on tärkeätä se, miten osapuoletpystyvät keskustelemaan vaikeistakin asioista rakentavasti. Hyvä vuoropuhelu eli dialogi syntyy siten, että osapuolet ovat puheissaan rehellisiä ja kuuntelevat aidosti ja aktiivisesti toista keskusteluosapuolta sekä pyrkivät löytämään asioista yhteisymmärryksen ja luottavat toisiinsa. Osapuolten välinen luottamus on osoittautunut todella merkittäväksi tekijäksi, koska se vaikuttaa henkilöiden käyttäytymiseen, odotuksiin ja vuorovaikutukseen (Harisalo & Stenvall 2004).

Jos todellista luottamusta ei ole, on vaikea nähdä, että keskustelu ja vuorovaikutus olisi avointa. Jos vuoropuhelu ja vuorovaikutus ei ole avointa, pääsy yhteistoiminnan keskeiseen tavoitteeseen vaikeutuu.

On siis tärkeätä muistaa yhteistoiminnan ydin eli työnantajan ja henkilöstön voimavarojen yhdistäminen yhteisen tavoitteen saavuttamiseksi. Yhteistoimintamenettelyllä pyritään todella löytämään osapuolten yhteiset tavoitteet. Kunnallinen työmarkkinalaitos edustaa kunta-alalla työnantajaa. Sen kannanoton mukaan työnantajan ja henkilöstön hyvän yhteistoiminnan perusta on nimenomaan luottamus ja avoin vuorovaikutus. (Kunnallinen työmarkkinalaitos (2005.)

Mitä avoin dialogi vaatii keskustelun osapuolilta? Suomen itsenäisyyden juhlarahaston (Sitra) mukaan hyvän dialogin ehtoja ovat muun muassa:

Osallistujat ovat tasa-arvoisia.
Kun pidämme itseämme muita ylempinä, emme kuuntele, jos muita alempina, emme uskalla puhua

Kuuntelu. Huomion kiinnittäminen siihen mitä toinen sanoo ja tarkoittaa. Ymmärrys toisen osapuolen näkemyksistä ja arvio, ovatko osapuolten näkökannat sovitettavissa yhteen.

Taustaoletukset.
Valmius tarkastella omia taustaoletuksiaan ja niiden kyseenalaistaminen. Hyvää dialogia voidaan käydä, vaikka omat taustaoletuksemme poikkeaisivat muiden osallistujien vastaavista.

Pyrkimys yhteisymmärrykseen.
Keskusteluissa tulee pyrkiä aidosti yhteiseen ymmärrykseen, eikä pyrkiä ajamaan omia intressejä. Jotta kaikki huomioon otettavat näkökannat tulisivat esille, niiden ilmaisuja ei tule rajoittaa.

Luottamus.
Luotetaan siihen, että toisilta saatua tieto on arvokasta ja että osallistujiin voi luottaa ihmisinä. Osallistujien tulee olla valmiita ilmaisemaan näkemyksenä avoimesti ja altistamaan näkemyksensä toisten vaikutuksille.

Lähde: Sitra 2018a

Yhteistoiminta johtamisen ja esimiestoiminnan tukena

Yhteistoimintalait ja -sopimukset velvoittavat johtajia ja esimiehiä kuulemaan henkilöstöään ennen päätöksentekoa ja pyrkimään löytämään asioissa yhteisymmärrys. Olen työssäni nähnyt hyvin eri tavalla toimivia johtajia ja esimiehiä. Valveutunut nykyaikainen johtaja tuntee yhteistoimintasäädösten sisällön ja niiden antaman mahdollisuuden tehdä omassa työssään hyviä päätöksiä. Hyvä johtaja siis toimii yhteistoimintasäädösten mukaan ja ottaa henkilöstön mukaan jo asioiden valmisteluvaiheessa. Kun vuoropuhelu henkilöstön kanssa toimii myönteisesti, johtaja saa henkilöstöltä arvokasta tietoa oman päätöksentekonsa tueksi. Samalla hän pääsee jakamaan henkilöstölleen oikeata tietoa asioista. Yhdessä valmistellut päätökset sitouttavat henkilöstön niihin ja poistavat epätietoisuutta ja vastustusta tehtyihin ratkaisuihin.

Olen työssäni kohdannut myös vanhanaikaisia johtajia, jotka ensinnäkin eivät tunne riittävästi yhteistoiminta-menettelyä ja lakien ja sopimusten velvoittavuutta omaan toimintaansa. Johtamistyyli voi vieläkin olla ylhäältä alas johtamista eikä henkilöstön mukaanotto asioiden valmisteluun kuulu siihen. Tällainen johtaja uskoo tietävänsä riittävästi ja tekevänsä tarvittavat päätökset ilman henkilöstöltä saatavissa olevaa tietoa. Hänen mielestään riittää, kun vain tiedottaa tekemänsä päätökset. Näin menetellen tällainen johtaja menettää yhteistoiminnan hyödyt toiminnalle.

Työnantajan ja henkilöstön välittömän yhteistoiminnan keskeisin muoto on **lähiesimiehen ja työntekijän välitön vuorovaikutus** arjen työssä. Esimiestyön onnistumiselle tärkeätä on se, että vuoropuhelu ja keskinäinen luottamus esimiehen ja työntekijän välillä toimii. Esimies toimii organisaatiossa johdon ja henkilöstön välimaastossa. Välittömän keskustelun avulla esimies voi selvittää eri toimenpiteiden ja tehtävien muutosten perustelut, vaikutukset ja vaihtoehdot työntekijälle ja vastaavasti kuulla työntekijän näkemykset. Näin menetellen esimies pyrkii löytämään työntekijän kanssahyvän ratkaisun johon osapuolet ovat tyytyväisiä ja johon he voivat sitoutua.

Toinen välittömän yhteistoiminnan muoto on **kehityskeskustelu.** Tämä on luottamuksellinen tilanne, jossa käydään läpi kulunutta vuotta, työntekijän selviytymistä työssä, osaamista ja sen vahvistamista, työnhyvinvointia jne. Samalla katsotaan yhdessä tulevaisuuden näkymiä työssä ja työorganisaatiossa. Kehityskeskustelujen anti on erittäin tärkeä sekä päätöksiä tekevälle esimiehelle että kyseiselle työntekijälle. Kannustava kehityskeskustelu lisää osapuolten välistä luottamusta ja työssä jaksamista.

Kolmas keskeinen välittömän yhteistoiminnan muoto on **työpaikkakokous.** Se on työpaikalla järjestettävä kokous, johon pyritään saamaan mukaan mahdollisimman moni työntekijä. Työpaikkakokousta johtaa työpaikan esimies. Kokouksen asialista on monipuolinen. Yleensä käydään läpi ajankohtaiset itse työhön liittyvät asiat, mutta asialista voi olla myös paljon laajempi sisältäen esimerkiksi toiminta- ja taloussuunnitelmia, hankintoja, koulutusasioita, tilakysymyksiä, työsuojelu- ja turvallisuusasioita, jne.

Työpaikkakokouksessa voi paikalla olla muitakin työnantajan edustajia kuin lähiesimies, esimerkiksi ylempi esimies. Usein läsnäolo-oikeus on toimialueen työsuojeluvaltuutetulla, ainakin silloin, kun asialistalla on työturvallisuusasioita. Myös muita asiantuntijoita

voidaan kutsu työpaikkakokoukseen. Työpaikka-
kokoukset tukevat osaltaan merkittävästi esimiehen
toimintaa.

Henkilöstön vaikutusmahdollisuudet omaan työhön ja työyhteisöön

Yhteistoiminnalla pyritään löytämään työnantajan ja
työntekijöiden yhteiset tavoitteet työorganisaatiossa ja
yhdistämään osapuolten voimavarat, jotta päästään
asetettuihin tavoitteisiin. Henkilöstön kannalta oleellista
on se, että henkilöstö pääsee vaikuttamaan heitä itseään
koskeviin asioihin ennen kuin niistä päätetään.

Yhteistoimintalain mukaan yksittäistä työntekijää
koskeva asia käsitellään välittömänä yhteistoimintana
suoraan asianomaisen työntekijän ja hänen esimiehensä
välillä.

Henkilöstöä yleisimmin koskevat ja laajat asiakoko-
naisuudet käsitellään edustuksellisessa yhteistoimin-
taelimessä, esimerkiksi yhteistyöryhmässä tai
yhteistyötoimikunnassa. Käsittelytavat ovat vaihto-

ehtoiset. Jos asia on käsitelty työyksikössä, sitä ei enää tarvitse käsitellä edustuksellisessa yhteistoiminta-elimessä. (Suonsivu 2019.)

Yhteistoimintamenettely ei kuitenkaan rajoita päätöksiä tekevän päätösvaltaa. Jos yhteistä ratkaisua asioihin ei löydy, päättäjä tekee yhteistoimintamenettelyn jälkeen asiassa päätöksen.

Millä tavoin työpaikan henkilöstö sitten voi vaikuttaa? Tutkitusti parhaita keinoja henkilöstön vaikuttaa omaa työtään koskeviin asioihin ovat välittömän yhteistoiminnan osalta välitön keskustelu lähiesimiehen ja työntekijän kesken, kehityskeskustelu ja työpaikka-kokous. Näiden lisäksi vaikuttamismahdollisuuksia antavat esimerkiksi osallistuminen kehittämis-hankkeisiin, laaturyhmät, tiimit, työnohjaus, palaute-keskustelut sekä tiedotus- ja koulutustilaisuudet.

Entä miten henkilöstö voi vaikuttaa oma työyhteisöään koskeviin asioihin? Tutkimusten mukaan parhaita välittömän yhteistoiminnan vaikuttamiskeinoja ovat samat kuin ne, joilla vaikutetaan omaan työhönkin. Painotus on kuitenkin erilainen, sillä tehokkuusjärjestys on välitön keskustelu lähiesimiehen kanssa, työpaikka-kokous ja kehityskeskustelu.

Työpaikkakokouksen merkitys siis kasvaa. Se onkin erinomainen vaikuttamispaikka, koska läsnä on mahdollisimman moni työyhteisön työntekijä.

Työpaikkakokouksessa saadaan esille sekä erilaisia että yhteneviä näkemyksiä työpaikan, työyhteisön asioista. Myös kehittämishankkeet, tiimit, työnohjaus, palautekeskustelut sekä tiedotus- ja koulutustilaisuudet antavat vaikutusmahdollisuuksia.

Edunvalvonnasta yhteistoimintaan - ammattijärjestöjen rooli

Suomalaiset työntekijät ovat hyvin järjestäytyneitä ammattiliittoihin. Työorganisaatioissa järjestöillä onkin merkittävä asema ja paljon valtaa. Ammattijärjestöjen keskeinen tehtävä on huolehtia jäsenistönsä edunvalvonnasta. Tämä tarkoittaa etenkin palkka- ja palvelussuhdeasioita, joita hoitavat eriasteiset luottamusmiehet työpaikoilla. Vaikka virka- ja työehtosopimuksia on solmittu ja solmitaan paljon keskitetysti valtakunnan tasolla, sopimusten soveltaminen ja esimerkiksi paikallisten järjestelyvara-erien jakamisesta päätetään paikallisesti. Tämä tarkoittaa tiivistä neuvottelukosketusta työntekijä-järjestöjen edustajien ja työnantajan edustajien keskeen. Tiukkoja tilanteita syntyy etenkin työtaistelu-tilanteissa, jolloin pitää sopia esimerkiksi tarvittavan suojatyön rajoista.

Viime aikoina eräät suuret ammattijärjestöt ovat ottaneet palkankorotusvaatimustensa tueksi käyttöön varsin järeitä aseita. Esimerkkinä tästä on lakkojen kohdistaminen sairaaloiden teho-osastoille. Myös joukkoirtisanomisilla on uhkailtu ja niitä on myös menneinä vuosina pantu painostuskeinoina täytäntöön.

Työnantajan ja henkilöstön välisestä yhteistoiminnasta on sovittu lailla. Yhteistoiminnan käytännöistä työorganisaatioissa on sovittu työnantajan ja henkilöstöä edustavien järjestöjen kesken paikallisella yhteistoimintasopimuksella tai muulla vastaavalla asiakirjalla. Varsinkin edustuksellisen yhteistoiminnan järjestämisessä ammattijärjestöillä on iso rooli. Pitää esimerkiksi sopia työnantajan kanssa edustuksellisen elimien kokoonpanosta organisaation eri tasoilla sekä järjestöjen kesken edustuspaikoista. Työsuojelun yhteistoiminnassa on myös paljon sovittavaa, kuten esimerkiksi työsuojeluvaltuutettujen ja työsuojeluasiamiesten määrä ja toimialuejako sekä edustuksellisen työsuojelutoimikunnan kokoonpano.

Ammattijärjestöjen rooli työpaikoilla on varsin mielenkiintoinen. Tämä nousee esiin tarkasteltaessa edunvalvontatoimintaa ja yhteistoimintaa. Käytännössä useissa työorganisaatioissa moni luottamusmies ja työsuojeluvaltuutettu toimii myös edustuksellisessa yhteistoimintaelimessä järjestönsä edustajana.

"Kun yhteistoiminnan ydin on työnantajan ja henkilöstön voimavarojen yhdistäminen yhteisen päämäärän saavuttamiseksi, asetelma muuttuu verrattuna edunvalvontaan. Samojen henkilöiden, jotka luottamusmiesorganisaatiossa toimivat tiukasti edunvalvojina tuleekin yhteistoiminnan puolella pyrkiä kaikin tavoin yhdistämään voimavarat työnantajan kanssa, jotta päästään yhteisesti sovittuihin tavoitteisiin työorganisaatiossa". (Suonsivu 2019.)

Olen työssäni nähnyt, että yhteistoiminta työnantajan ja henkilöstön edustajien kesken onnistuu silloin, kun osapuolet rakentavasti ja aidosti pyrkivät yhdistämään voimavaransa. Työorganisaatiossa ollaan kuitenkin "samassa veneessä". Eri suuntiin pyrkiminen ei edistä asioita hyvään lopputulemaan.

Olen työssäni nähnyt myös eräiden ammattijärjestöjen valtakunnan tasolta tulevan ohjailun paikallistasolle painottavan edunvalvontaa yhteistoiminnan sijasta. Tämä ilmenee esimerkiksi toimintana, jossa yritetään käyttää myös yhteistoimintajärjestelmää edunvalvonta-tavoitteiden saavuttamiseen tuomalla sinne käsittelyyn luottamusmiesorganisaatiolle kuuluvia asioita. Yhteistoimintalakien uudistukset toivottavasti selventävät käytäntöjä.

Historiallista taustaa henkilöstön vaikutusmahdollisuuksien kehityksestä

Tässä osiossa nostan esille poimintoina muutamia teorioita ja käytännön työelämässä koettuja vaiheita, joissa esille nousee asetelma työnantaja - työntekijä sekä työorganisaatioiden johtamisen vahva merkitys.

Teollistuminen sai maailmanlaajuisesti aikaan pienipalkkaista raskasta työtä. Työolot olivat varsin usein puutteellisia. 1900 –luvun alkupuolella työnantajan toiminnassa korostuivat työntekijöiden valvonta ja pyrkimys mahdollisimman suureen työn tuottavuuteen. Henkilöstön mahdollisuudet vaikuttaa omiin työolosuhteisiinsa oli vähäistä, koska päätösvalta oli täysin työnantajalla (Suonsivu 2018).

Max Weberin (1864 – 1920) byrokratiateoria oli ensimmäinen perusteellinen organisaatioteoria. Weberin teemoja olivat rationaalisuus ja byrokraattinen hallinta. Nämä elementit löytyvät nykyisistäkin työorganisaatioista. Etenkin tämä näkyy virkamiestoiminnassa, jossa toiminta perustuu lakeihin ja jossa viranhaltijoilta vaaditaan asiantuntijuutta. Virkaan sisältyy auktoriteettiasema. Organisaatioilla on tietty toimivalta. Vallitsee virkahierarkia, jossa jokaisella työntekijällä on yksi esimies. Toimintaa ohjaa oikeudelliset normit. Virkamiehet eivät omista hallinnon tai tuotannon välineitä, jne. Juha Vartola (2005) on kuvannut osuvasti byrokratian keinoksi muuttaa yhteisöllinen toiminta rationaaliseksi yhteiskunnalliseksi toiminnaksi. Vartolan mukaan byrokratia on myös vallan väline, sillä jokaisen, joka kykenee kontrolloimaan byrokratiaa, on helppo saada se toimimaan tahtonsa mukaisesti (Suonsivu 2018).

Kun kapitalismin myötä työ muuttui palkkatyöksi, huomio kiintyi työn organisointiin, johtamiseen ja työn tuottavuuteen. Tässä kehityksessä pidetään merkittävänä teoriana ja käytäntöön aikanaan valtavasti vaikuttaneena tieteellistä liikkeenjohtoa, jota edusti Frederic Winslow Taylor (1856 -1917). Hänen mielestään tieteellisen tutkimuksen avulla voitiin löytää tehokkaita keinoja, joilla parannetaan työn tuottavuutta organisaatioissa (Taylor 1914, Harisalo 2010). Taylorin teemoja olivat työnjako, erikoistuminen, osaaminen, tuottavuus ja tehokkuus, havainnointi ja mittaaminen, mutta myös työntekijöiden työmotivaatio ja palkitseminen. Viimeksi mainitusta löytyykin jo tekijöitä, jotka ottivat huomioon työntekijät, siis alustavia aihioita henkilöstöjohtamiseen. (Wren 1979, 2005.) Vaikkakin valta työelämässä oli tiukasti työnantajalla, esille nousi työntekijöiden ja työnantajan yhteistyö ja sen merkitys. Työturvallisuuden osalla liikkeenjohdolliset opit näkyivät esimerkiksi turvallisuustoimikuntien perustamisena. Näissä yhteistoimintaorganisaatioissa oli sekä työnantajan että työntekijöiden edustajia (Eklund & Suikkanen 1984).

Seuraavaksi historiallisista teorioista mainitsen klassisen hallintoteorian tai klassisen organisaatio-teorian (Harisalo 2010), jota edusti Henry Fayol (1841-1925). Hänen kehittelemiään organisaation menestymisen kannalta keskeisiä teemojaan olivat: suunnittelu, organisointi, johtaminen, koordinointi ja kontrolli. Tarkkosen (2016) mukaan "Tarkoituksena oli rakentaa selkeä linjaorganisaation malli, joka asemavalta- ja alistussuhteineen sekä edellytysten luonteineen ja seurantoineen läpäisee hierarkkisesti ja johdonmukaisesti työorganisaation. Tämä perusmalli myöhempine variaatioineen (hajautettu linjaorganisaatio, funktionaalinen organisaatio ja tulosyksiköiksi jaettu organisaatio) on muodostunut modernin hallintotieteellisen ja management - tutkimuksen yhdeksi hallitsevaksi paradigmaksi."

Fayolin mielestä organisaatiossa pitää olla ylin johtaja, joka ottaa kokonaisvastuun toiminnasta ja joka on auktoriteetti ongelmanratkaisutilanteissa (Peltonen 2010). Yhteistoiminnallisuus ei tällaisissa organisaatioissa ollut mitenkään vallitsevana piirteenä.

Fayolin jälkeen samoja teemoja kehittelivät Yhdysvalloissa "Science of Administration" –liike, henkilöinä erityisesti Luther Gulick ja Lyndall Urwick.

Gullikin hallintoa käsitteleviä teemoja olivat:

Suunnittelu (planning): miettiä laaja-
alaisesti asiat, jotka on tehtävä ja
menetelmät tehdä ne siten, että
organisaation tarkoitus toteutetaan

Organisointi (organizing): sellaisen
virallisen auktoriteettirakenteen
aikaansaaminen, jonka kautta alayksiköt
järjestetään, määritellään ja koordinoidaan
asetettuun päämäärään nähden

Henkilöstön hankinta (staffing): koko
henkilöstöfunktio, johon sisältyy
henkilöstön sisäänotto ja koulutus sekä
suotuisten työolosuhteiden ylläpitäminen

Johtaminen (directing): jatkuva tehtävä
tehdä päätöksiä ja sisällyttää ne erityisiin
ja yleisiin määräyksiin ja ohjeisiin
palvelemaan organisaation ohjausta

Koordinointi (co-ordinating): työn eri osien
keskenään suhteuttamista koskeva
keskeinen velvollisuus

Raportointi (reporting): pitää ne, joille
johtaja on vastuussa, informoituina siitä,
miten asiat sujuvat, mikä sitten pitää
sisällään velvollisuuden pitää itsensä ja

alaisensa informoituna kirjanpidon, tutkimuksen ja tarkastuksen avulla

Budjetointi (budgeting): kaikki mikä sisältyy budjetointiin rahoitussuunnittelun, laskennan ja kontrolloinnin muodossa.

Elton Mayo selvitti General Electricin Hawthornen tehtailla Yhdysvalloissa työn tuottavuuteen vaikuttavia tekijöitä ja havaitsi sosiaalisten tekijöiden merkityksen ja vaikuttavuuden työn tuottavuuteen (Hollway 1993). Johtamisessa ja henkilöstöpolitiikakassa kiinnitettiin tämän myötä huomiota yritysten sosiaalisiin suhteisiin.

Mary Parker Follet (1868 – 1933) kannatti työntekijöiden osallistumista yrityksen päätöksentekoon. Hänen ajattelunsa katsotaan luoneen pohjan nykyaikaiselle neuvottelumenettelylle ja työelämän yhteistoiminnallisuudelle. Follet korosti aitoa yhteistoiminnallisuutta ja ristikkäisten etujen yhdistymispyrkimysten tärkeyttä ja menettelyä, jossa kaikille osapuolille tarjotaan tilaisuus vaikuttaa avoimessa vuorovaikutustilanteessa muihin osapuoliin aidon keskustelun ja rehellisen tietojen vaihdon avulla (Follet 1971, alkuperäinen 1941).

Etukonfliktien ratkaisemisessa Folletin neljä vaihtoehtoa olivat:

Jompikumpi osapuoli alistuu toteuttamaan toisen intressejä.

Osapuoli pyrkii väkivalloin toteuttamaan intressinsä toisen tappioksi.

Kompromissi.

Integratiivinen, osapuolten edut yhdentävä ratkaisu, jossa kaikki osapuolet voittavat, ts. ovat intressiensä toteuttamisen suhteen paremmassa asemassa kuin ennen ristiriidan ilmituloa. (Wren 1979.)

Richard Walton ja Robert McKersie kehittivät 1960-luvulla Folletin ajattelun pohjalta työelämän integratiivisten vuorovaikutussuhteiden mallin, jossa työelämän osapuolten käymät neuvottelut tyypiteltiin neljään alaprosessiin:

Keskenään ristiriidassa olevien etujen jakamista koskeva neuvottelu (distributive bargaining), toisen hyöty toisen häviö

Yhdentävä neuvottelu (integrative bargaining), jossa etsitään ratkaisua molempia osapuolia koskeviin ongelmiin ja jossa neuvottelun kohteena oleviin asioihin ei välttämättä sisälly periaatteellista ristiriitaa

Asenteiden muokkaus (attitudinal struckturing), jollla pyritään muuttamaan neuvottelijoiden välisiä suhteita toivottuun suuntaan

Osapuolten sisäiseen neuvotteluun (intraorganizational barnaining), jossa on kysymys siitä, miten kumpikin osapuoli oman kantansa muotoilee oman ryhmänsä sisällä.

Neuvottelijoilla on aina omat taustaryhmänsä ja neuvotteluissa on mahdollista löytää yhteinen etu. Yhdentävillä neuvotteluilla, jotka tapahtuvat yhteistoiminnan hengessä, pyritään oman edun sijasta lisäämään yhteistä etua ja lisäarvoa. (Walton, McKersie 1965.) Waltonin ja McKersien määrittelemä viitekehys kattaa keskeiset yhteistoimintakysymykset ja niissä painottuvat seuraavat yhteistoiminnan piirteet:

Osapuolten joko täysin yhtenevät tai osaksi eriävinäkin yhdistettävissä olevat tavoitteet

Tavoitteiden saavuttamisen keinot eivät saa tehdä tyhjäksi minkään osapuolen tavoitteiden saavuttamista

Osapuolet suhtautuvat toisiinsa kumppaneina ja resursseina yhteisten tavoitteiden saavuttamisessa

Osapuolet sitoutuvat käyttämään laajalti
tutkimustietoa
erilaisia

Ongelmanratkaisumenettelyjä ja
tarvittaessa ulkopuolisia asiantuntijoita
vaikeiden ongelmakysymysten
selvittämiseksi

Yhteinen toiminta merkitsee tarvittaessa
erilaisten tulkintojen yhdistämistä
yhdeksi kollektiiviseksi
toiminnaksi

Voimakkaan kollektiivisen me-asenteen ja
me-tahdon kehittäminen, jossa
hyväksytään kriittinen keskustelu ja
erilaisten näkökohtien esittäminen

Kaikinpuolisen luottamuksen kehittäminen
pitkällä aikavälillä ja luottamusta
heikentävien tekojen
vähentäminen

Toimintaympäristön taholta
yhteistoiminnalle tuleva tuki tai ainakin
yhteistoiminnalle vihamielisten
toimenpiteiden välttäminen.

Tammikuun kihlaus

Ennen kuin siirryn käsittelemään työnantajan ja henkilöstön välistä yhteistoimintaa Suomessa 1960 – luvulta nykypäivään nostan esille hyvin merkittävän vaiheen työnantajan ja henkilöstön vuorovaikutuksen kehityksessä Suomessa. Vuonna 1940 luotiin pohja nykyiselle työehtosopimusjärjestelmälle ja sopimusmenettelylle sekä henkilöstön osallistumisjärjestelmälle työmarkkinaosapuolten solmimalla niin sanotulla tammikuun kihlauksella.

Tammikuun kihlaus tarkoittaa Suomen Työnantajain Keskusliiton 23.1.1940 julistusta, jossa se tunnusti ammattiliitot ja keskusjärjestö SAK:n neuvotteluosapuoliksi työmarkkinoita koskevissa kysymyksissä. Elettiin siis talvisodan aikaa. Osapuolet sopivat, että jatkossa pyritään löytämään yhteisymmärrys neuvotteluteitse. Julkilausuma asiasta luettiin radiossa 23.1.1940 ja julkaistiin seuraavana päivänä sanomalehdissä. Aloitteen tekijänä ja edistäjänä toimi silloinen sosiaaliministeri Karl-August Fagerholm. Hänen mielestään kansakunnan eheytyminen edellytti työntekijöiden oikeuksien tunnustamista.

Julkilausuma kuului näin: "Suomen Työnantajain Keskusliiton ja Suomen Ammattiyhdistysten Keskusliiton edustajat ovat käyneet keskenään neuvotteluja, joiden tuloksena on sovittu, että sanotut keskusjärjestöt, todeten vapaan järjestetyn toiminnan merkityksen yhteiskunnassa, tulevat luottamuksellisesti neuvottelemaan kaikista niiden toimialalla esiintyvistä kysymyksistä niiden ratkaisemiseksi, mikäli mahdollista yhteisymmärryksessä".

1960 –luku

Aloitin työelämässä 1960 –luvulla. Silloin ei työpaikallani puhuttu työpaikkademokratiasta eikä yhteistoiminnasta. Työstä ja työpaikan asioista kyllä keskusteltiin ja pyrittiin parempiin tuloksiin. Henkilökunnan mahdollisuudet kehittää ja kehittyä vaihtelivat työpaikoittain aika tavalla. Päätösvalta oli vahvasti työnantajalla ja oli kulloisesta työnantajasta pitkälti kiinni se, miten paljon henkilöstöllä oli vaikutusmahdollisuuksia omaan työhönsä ja omaan työyhteisöönsä.

Yleisesti Suomessa havahduttiin vasta 1960 –luvulla huomaamaan, että henkilöstöä koskevat päätökset työorganisaatioissa tehtiin etäällä ja henkilöstöä kuulematta. Silloinen pääministeri Rafael Paasio piti vuonna 1966 puheen, jossa hän puuttui edellä kerrottuun epäkohtaan. Tämän jälkeen keskustelu asiasta vilkastui ja vaatimukset henkilöstön vaikutusmahdollisuuksien parantamisesta lisääntyivät.

Kunta-alalla työnantajana oli kunta tai kuntainliitto. Kunnanvaltuustot valittiin yleisillä vaaleilla ja kunnat valitsivat edustajansa kuntainliittojen valtuustoihin. Henkilöstön vaikutusmahdollisuuksien lisäämisen kannalta keskustelua herättikin se, miten toimitaan silloin, kun pyritään lisäämään demokratiaa ja yhteistoimintaa demokraattisen järjestelmän sisällä. Toimintamuotojen tuli siis olla sellaisia, että niillä ei rajoiteta tai loukata kunnallista päätösvaltaa.

Henkilöstön vaikutusmahdollisuuksiin kiinnitettiin huomiota etenkin niillä julkisen puolen työpaikoilla, joiden johto oli ennakkoluulotonta ja missä nähtiin hyvän yhteistyön työnantajan ja henkilöstön kesken olevan molempien osapuolten etu. Henkilöstön annettiin esimerkiksi aiempaa enemmän vaikuttaa henkilökunnan vapaa-ajan ja virkistystoiminnan järjestämiseen.

Henkilöstökerhot olivat ikään kuin esiasteita kuljettaessa kohti varsinaista työpaikka-demokratiatoimintaa. Kuitenkin vasta 1970 –luvulla päästiin Suomessa sanoista tekoihin säätämällä yhteistoimintaa yrityksissä koskeva laki ja saamalla aikaan kunta-alalla työpaikkademokratiaa koskevat suositussopimukset. Näistä tarkemmin seuraavassa osiossa.

1970 –luku

Laki työsuojelun valvonnasta

Laki työsuojelun valvonnasta (131/1973) hyväksyttiin 16.2.1973 ja se tuli voimaan 1.1.1974. Laki sisälsi määräykset työnantajan ja työntekijän yhteistoiminnasta työsuojeluasioissa.

Laki edellytti, että työnantajan on nimettävä yhteistoiminnasta vastaava työpaikan työsuojelupäällikkönä toimiva henkilö, jollei hän itse toimi työsuojelupäällikkönä. Työsuojeluvaltuutetun valinnasta laki määräsi, että työpaikassa, jossa säännöllisesti työskentelee vähintään kymmenen työntekijää, työntekijäin on valittava keskuudestaan kahdeksi kalenterivuodeksi kerrallaan työsuojeluvaltuutettu ja kaksi varavaltuutettua edustamaan heitä työsuojelua koskevassa yhteistoiminnassa sekä suhteessa työsuojeluviranomaisiin. Muussakin työpaikassa työntekijät voivat valita keskuudestaan edellä tarkoitetut valtuutetut. Työpaikan toimihenkilö-asemassa olevilla työntekijöillä on oikeus valita keskuudestaan oma työsuojeluvaltuutettunsa ja kaksi varavaltuutettua.

Laissa todettiin myös, että sosiaali- ja terveysministeriö voi määrätä, että alalla, jolla saman työnantajan palveluksessa olevat työntekijät yleensä työskentelevät eri työpaikoissa laajalla alueella, työntekijöillä on oikeus valita yhteinen työsuojeluvaltuutettu.

Työpaikan luottamusmiehen ja työsuojeluvaltuutetun edustusalueista laissa todettiin, että milloin työpaikalle on valittu työsopimuslain (320/70) 53 §:n 1 momentissa tarkoitettu luottamusmies, työsuojeluvaltuutettu edustaa ainoastaan työturvallisuutta ja terveellisyyttä koskevissa asioissa.

Työsuojeluvaltuutetun tiedonsaannista valvontalakiin oli kirjattu, että työsuojeluvaltuutetulla on oikeus tehtävänsä suorittamista varten saada nähtäväkseen sellaiset asiakirjat ja luettelot, joita työnantajan on pidettävä työsuojelua koskevien säännösten ja määräysten mukaan. Hänellä on myös oikeus tutustua työn turvallisuutta ja terveellisyyttä koskeviin lausuntoihin ja tutkimustuloksiin ja saada kaikista edellä tarkoitetuista asiakirjoista jäljennöksiä.

Työsuojelun edustuksellisesta yhteistoimintaelimestä valvontalaissa säädettiin seuraavasti: Työpaikkaan, jossa säännöllisesti työskentelee vähintään 20 työntekijää, on perustettava kahdeksi kalenterivuodeksi kerrallaan työsuojelua koskevaa yhteistoimintaa varten työnantajan, työntekijäin ja toimihenkilöasemassa olevien työntekijäin edustajista kokoonpantu työsuojelutoimikunta, jonka tehtävänä on työn turvallisuuden ja terveellisyyden edistäminen työpaikalla.

Määräykset työnantajan ja henkilöstön yhteistoiminnasta tulivat työsuojelun valvontalakiin ennen työpaikkademokratiaa kunta-alalla koskevia suositussopimuksia ja yhteistoimintaa yrityksissä koskevaa lakia.

Suositussopimus kunnallisesta työpaikkademokratiasta

Pohja nykymuotoiselle henkilöstön osallistumis- ja vaikuttamismahdollisuuksille kunta-alalla luotiin 1970 – luvun lopulla, jolloin kuntatyönantaja ja silloiset ammatilliset pääsopijajärjestöt solmivat työpaikkademokratiaa koskeva suositussopimuksen 29.4.1977.(Suositussopimus kunnallisesta työpaikkademokratiasta 1977). Suositussopimuksen allekirjoittajina olivat: Suomen kaupunkiliitto, Suomen kunnallisliitto, Finlands svenska kommunförbund, Sairaalaliitto, kunnallisen sopimusvaltuuskunnan toimiston johtokunta sekä viranhaltijoita ja työntekijöitä edustavien yhdistysten keskusjärjestöt Akava ry, Julkisten työalojen ammattiliitto JTA ry, Kunnallisten työntekijäin ja viranhaltijain liitto KTV ry sekä TVK:n Virkamiesjärjestöt TVK-V ry.

Nykyinen kuntatyönantaja on nimeltään Kunnallinen työmarkkinalaitos (KT). Vastaavasti nykyiset kunta-alan pääsopijajärjestöt ovat:

Julkisen alan unioni JAU on kahden ammattiliiton, Julkisten ja hyvinvointialojen liitto JHL:n ja Julkis- ja yksityisalojen toimihenkilöliitto Jytyn muodostama neuvottelujärjestö.

Julkisalan koulutettujen neuvottelujärjestö JUKO edustaa kunta-alalla noin 30 eri ammattiliittoon kuuluvaa henkilöstöä. Suurimpia liittoja ovat Opetusalan Ammattijärjestö OAJ, Akavan Erityisalat, Suomen Lääkäriliitto, Suomen Eläinlääkäriliitto, Suomen Hammaslääkäriliitto, Sosiaalialan korkeakoulutettujen ammattijärjestö Talentia ja Suomen Farmasialiitto.

Sosiaali- ja terveysalan neuvottelujärjestö Sote ry:n muodostavat kolme liittoa: Suomen lähi- ja perushoitajaliitto SuPer, Tehy ry ja Suomen Palomiesliitto SPAL.

Työpaikkademokratiaa koskevan suositussopimuksen lisäksi työmarkkinaosapuolet solmivat koulutus-suositussopimuksen, tiedotussuositussopimuksen ja rationalisointia koskevan suositussopimuksen. Näillä sopimuksilla pyrittiin tarkemmin kehittämään henkilöstön osallistumismahdollisuuksia mainituilla osa-alueilla.

Seuraava vaihe kunnissa ja kuntainliitoissa oli laatia työpaikkademokratiasuositussopimuksen pohjalta kunta- tai kuntainliittokohtaiset työpaikkademokratiaa koskevat paikalliset toimintasäännöt, joilla määriteltiin tarkemmin työnantajan ja henkilöstön välisen yhteistoiminnan muodot ja osallistumistavat. Osallistuminen jakaantui välittömään ja edustukselliseen työpaikkademokratiaan. (Suonsivu 2000.) Toimintasääntöjä laadittiin ahkerasti vuonna 1978 ja niiden mukainen toiminta käynnistyi kunnissa ja kuntainliitoissa pääosin vuoden 1979 alusta lukien.

Välitön työpaikkademokratia

Välittömän työpaikkademokratian keskeinen muoto oli esimiehen ja työntekijän välitön vuorovaikutus työssä työpaikalla. Työtehtäviin ja työolosuhteisiin liittyvät asiat käytiin keskustellen läpi ja sovittiin miten menetellään. Päätösvalta oli esimiehellä, mutta työntekijä pääsi kuitenkin ilmaisemaan oman näkemyksensä omaa työtään ja työyhteisöään koskeviin asioihin.

Työpaikkakokoukset vakiintuivat välittömän työpaikkademokratian muodoksi vuonna 1979. Vaikka monilla työpaikoilla työpaikkakokoukset olivat jo arkipäivää ennen työpaikkademokratiatoimintaa, nyt ne olivat virallisempia. Tämä tarkoitti sitä, että nyt jokainen työntekijä kuului johonkin työpaikkakokousryhmään.

Esimerkiksi sairaalamaailmassa vuodeosastoilla oli vakiintuneet kokouskäytännöt. Työpaikkakokousryhmien määrittely vaikuttikin enemmän tekniseen henkilöstöön ja talous- ja toimistohenkilöstöön sekä erilaisiin asiantuntijoihin, joilla ei ollut aiemmin omaa selkeää työpaikkakokousryhmää.

Työpaikkakokouksessa puheenjohtajana toimi kyseisen työyksikön lähiesimies. Kokoukset pyrittiin pitämään säännöllisesti, esimerkiksi viikoittain. Työvuorolistat laadittiin niin, että mahdollisimman moni työpaikan työntekijä pääsi osallistumaan kokoukseen. Osallistujia myös kannustettiin tuomaan julki mielipiteensä käsiteltäviin asioihin. Asiat työpaikkakokouksissa olivat pääosin osallistujille hyvin tuttuja työtehtäviin liittyviä.

Työpaikkakokouksissa käsiteltiin laajemmin myös esimerkiksi toimintasuunnitelmia, talousasioita, koulutustarpeita, hankintoja, vuosilomia, jne. Työpaikkakokouksista laadittiin muistiot. Niihin kirjattiin käsittelyssä olleet asiat, keskeiset kannanotot ja tärkeimpänä tehdyt päätökset. Muistio toimi dokumenttina, josta myös kokouksesta poissa olleet työntekijät pääsivät näkemään käsitellyt asiat ja tehdyt päätökset. Henkilöstö sai siten oikeata tietoa ja huhujen määrä väheni. Muistio toimi myös seurannan apuvälineenä, kun myöhemmin katsottiin, miten päätetyt asiat olivat edenneet.

Säännöllisten työpaikkakokousten käynnistyminen lisäsi henkilöstön vaikutusmahdollisuuksia omaan työhön ja omaan työyhteisöön. Esimiesten kannalta työpaikkakokoukset tukivat johtamista ja esimiestyötä. Oli myös niitä esimiehiä, jotka olivat tottuneet hyvin itsenäisesti tekemään päätöksiä ja niistä vain tiedottamaan ja antamaan määräyksiä henkilöstölle. Näille esimiehille työpaikkademokratian vahvistuminen oli erityisen haastavaa.

Edustuksellinen työpaikkademokratia

Työntekijöillä oli edustuksellisissa elimissä suositussopimusten mukaisesti vahva edustus. Edustuksellisten toimielinten rakenne oli sellainen, että työntekijöillä oli edustuspaikoista 2/3 ja työnantajan edustajilla 1/3. Laaja henkilöstöedustus tarkoitti sitä, että ainakin keskeiset ammattiryhmät työpaikoilla saivat edustajansa yhteistoimintaelimiin.

Työnantajan edustajat olivat yleensä ylimmästä johdosta tai ainakin johtoryhmän jäseniä. He olivat organisaatiossa niitä, jotka valmistelivat päätöksiä tai toimivat esittelijöinä tai tekivät itse keskeisiä päätöksiä. Työnantajan edustajina saattoi toimia myös kunnan tai kuntainliiton hallituksen jäseniä.

Edustuksellisista toimielimistä keskeisin oli yhteistyökomitea. Se käsitteli esimerkiksi työorganisaation vuosittaiset toimintasuunnitelmat, taloussuunnitelmat ja henkilöstösuunnitelmat ja antoi niistä lausuntonsa kunnan tai kuntainliiton hallitukselle. Henkilöstön edustajat pääsivät siten lausuntojen kautta tuomaan näkemyksensä asioista päättäjille. Hallituksen puheenjohtajan tai hallituksen jäsenen mukanaolo yhteistyökomiteassa edesauttoi henkilöstön kannanottojen huomioon ottamista hallituksen päätöksenteossa.

Yhteistyötoimikunnalla oli myös jaostoja, joilla oli huomattavaa päätösvaltaa. Esimerkkinä erään sairaala-kuntainliiton koulutusjaosto, jossa oli kaksi työnantajan edustajaa ja neljä henkilöstön edustajaa. Jaosto käsitteli vuosittaisen sairaalan koulutussuunnitelman ja koulutusmäärärahan jaon sekä päätti jopa yksittäisistä koulutushakemuksista. Päätökset tosin vahvisti kuntainliiton liittohallitus. (Suonsivu 2020.)

Toinen jaostoesimerkki on tiedotusjaosto, mikä valmisteli sairaalan tiedotussuunnitelman ja toimi sairaalan henkilöstölehden toimituskuntana. Myös tässä jaostossa oli kaksi työnantajan edustajaa ja neljä henkilöstön edustajaa.

Työpaikoille muodostettiin myös pelkästään henkilöstön edustajista koostuvia henkilökuntaneuvostoja. Edustajat henkilökuntaneuvostoihin nimesivät ammatti-järjestöt. Henkilökuntaneuvostot tekivät aloitteita ja valmistelivat henkilöstön kannanottoja yhteistyö-komiteassa käsiteltäviin asioihin. Henkilöstöä kiinnostivat varsinkin työorganisaation henkilöstöasiat, joita linjattiin muun muassa henkilöstöpoliittisilla ohjelmilla. Henkilökuntaneuvostot vaikuttivat myös vahvasti henkilökunnan vapaa-ajan toimintaan. Henkilökunta-neuvostolle saatettiin antaa tehtäväksi esimerkiksi henkilöstön liikunta- ja virkistystoiminnan järjestäminen. Kuntainliiton liittohallitus päätti kyseiseen toimintaan osoitetun määrärahan suuruudesta.

Yhteistoiminta yrityksissä

1970 –luvun lopulla Suomessa säädettiin ensimmäinen työnantajan ja henkilöstön yhteistoimintaa koskeva laki. Se koski yhteistoimintaa yrityksissä. Laki hyväksyttiin 22.9.1978 ja se tuli voimaan 1.7.1979.

Yhteistoimintalain tarkoitus ilmaistiin lain 1 §:ssä näin: "Yritysten toiminnan ja työolosuhteiden kehittämiseksi sekä työnantajan ja henkilöstön välisen yhteistoiminnan tehostamiseksi lisätään työpaikan henkilöstöön kuuluvien työntekijöiden ja toimihenkilöiden mahdollisuuksia vaikuttaa työtään ja työpaikkaansa koskevien asioiden käsittelyyn siten, kun tässä laissa säädetään".

Yrityksissä yhteistoiminnan osapuolia ovat työnantaja ja yrityksen henkilöstö. Välitöntä yhteistoimintaa toteutetaan työntekijöiden ja toimihenkilöiden ja heidän esimiestensä kesken. Edustuksellista yhteistoimintaa toteutetaan työnantajan henkilöstön edustajien kesken. Henkilöstön edustajina toimivat pääluottamusmies, yhdysmies, yhteyshenkilö, ammattiryhmän tai työosaston luottamusmies, luottamusvaltuutettu ja henkilöstöryhmän valitsema edustaja ja työsuojeluvaltuutettu.

Tätä lakia sovelletaan yrityksessä, jonka työsuhteessa olevan henkilöstön määrä säännöllisesti on vähintään 30.

Yhteistoimintalain mukaan yhteistoimintamenettelyn piiriin kuuluvat asiat ovat:

1) henkilöstön asemaan vaikuttavat olennaiset muutokset työtehtävissä, työmenetelmissä, töiden järjestelyssä ja siirrot tehtävistä toisiin;

2) henkilöstön asemaan vaikuttavat olennaiset kone- ja laitehankinnat, työtilojen järjestelyt ja tuotevalikoiman ja palvelutoiminnan muutokset;

3) yrityksen tai sen jonkin osan lopettaminen tai siirto toiselle paikkakunnalle taikka sen toiminnan olennainen laajentaminen tai supistaminen;

4) rationalisointitoiminnan määräaikaissuunnitelmat;

5) edellä 1-4 kohdassa tarkoitettujen toimenpiteiden johdosta suoritettavat järjestelyt, jotka koskevat henkilöstön määrää eri työtehtävissä;

6) säännöllisen työajan aloittamisen ja lopettamisen samoin kuin lepo- ja ruokailutaukojen ajankohdat;

7) lomautusilmoitusten antamista tai työsopimusten irtisanomista edeltävä asian käsittely silloin, kun toimenpiteet johtuvat taloudellisista tai tuotannollisista syistä tapahtuvasta työn tilapäisestä tai pysyvästä vähentymisestä;

8) työhönoton periaatteet, sen menetelmät, työhönoton yhteydessä kerättävät ja työhön tulijalle annettavat tiedot sekä työhön perehdyttämisen järjestelyt;

9) sisäiseen tiedotustoimintaan liittyvät, tiedotuslehtiä, ilmoitustauluja ja tiedotustilaisuuksien järjestämistä koskevat asiat;

10) yrityksen työsäännöt ja niihin verrattavat järjestyssäännöt sekä aloitetoiminnan säännöt;

11) yhteistyökoulutusta ja ammatillista koulutusta koskeva talousarviosuunnitelma:

12) yhteistyökoulutuksen järjestäminen;

13) työsuhdeasuntojen jakamisessa noudatettavat yleiset periaatteet ja osuuksien määrittely

henkilöstöryhmittäin, ei kuitenkaan siltä osin kuin kysymyksessä ovat yrityksen johdon työsuhdeasunnot;

14) yrityksen sosiaalitoiminnan eri tarkoituksiin varaamien varojen puitteissa työpaikkaruokailun ja lastenhoidon järjestäminen, työpaikan sosiaalitilojen käyttö ja suunnittelu, kerho- ja lomatoiminta, henkilöstölle myönnettävät avustukset tai lahjoitukset sekä 13 kohdassa tarkoitettujen periaatteiden mukaisesti työsuhdeasuntojen jakoperusteiden vahvistaminen ja niiden mukainen asuntojen jakaminen; sekä

15) yrityksen ulkopuolisen työvoiman käyttöä koskevat periaatteet.

Yhteistoimintalain mukainen yhteistoimintamenettely tarkoittaa seuraavaa:
Ennen kuin työnantaja ratkaisee 6 §:ssä tarkoitetun asian, on hänen neuvoteltava toimenpiteen perusteista, vaikutuksista ja vaihtoehdoista niiden työntekijöiden ja toimihenkilöiden tai henkilöstön edustajien kanssa, joita asia koskee.

Määrättyä työntekijää tai toimihenkilöä koskeva asia käsitellään ensisijaisesti työnantajan ja tämän henkilön välillä. Milloin työnantaja taikka työntekijä tai toimihenkilö häntä koskevassa kysymyksessä sitä vaatii, on asiasta neuvoteltava myös työnantajan ja asianomaisen henkilöstön edustajan kesken.

Milloin yhteistoimintamenettelyn piiriin kuuluva kysymys koskee yrityksen jonkin toimintayksikön tai työosaston työntekijöitä tai toimihenkilöitä yleisesti, käsitellään asia asianomaisen henkilöstön edustajan kanssa. Jos tällainen asia koskee yhtä useampaa henkilöstöryhmää, tulee 1 momentissa tarkoitettu neuvottelu järjestää yhteisessä kokouksessa, johon osallistuu edustaja kustakin henkilöstöryhmästä. Tällaista kokousta ei kuitenkaan järjestetä silloin, kun asia käsitellään 4 §:ssä tarkoitetussa neuvottelukunnassa.

Menemättä kaikkiin lain yksityiskohtiin voidaan todeta esimerkiksi vahva tiedottamisvelvoite:

Työnantajan tulee ennen yhteistoimintamenettelyyn ryhtymistä antaa asian käsittelyn kannalta tarpeelliset tiedot asianomaisille työntekijöille tai toimihenkilöille sekä asianomaisille henkilöstön edustajille.

Työnantajan tulee lisäksi esittää henkilöstön edustajille:

1) yrityksen tilinpäätös viipymättä sen jälkeen, kun se on vahvistettu, sekä vähintään kerran tilivuoden aikana sellainen yhtenäinen selvitys yrityksen taloudellisesta tilasta, josta käyvät ilmi yrityksen tuotannon, työllisyyden, kannattavuuden ja kustannusrakenteen kehitysnäkymät;

2) ennen tilivuoden alkua vähintään vuodeksi laadittu tuotanto- tai toimintanäkymiin perustuva henkilöstösuunnitelma, jossa on selvitettävä henkilöstön määrässä ja laadussa odotettavissa olevat muutokset;

3) yrityksen suorittaman palkkatilastoinnin puitteissa kunkin henkilöstöryhmän edustajille asianomaista ryhmää koskevat palkkatilastot sen mukaisesti kuin asiasta on asianomaisen alan valtakunnallisessa työehtosopimuksessa sovittu;

4) viipymättä muutokset, jotka olennaisesti poikkeavat 1 ja 2 kohdassa mainituissa selvityksissä esitetystä kehityksestä.

Kaksikielisessä kunnassa työnantaja on velvollinen antamaan 1 ja 2 momentissa tarkoitetut tiedot ja selvitykset myös maan molemmilla kielillä, jos vähemmistönä olevien kieliryhmään kuuluvien lukumäärä on vähintään kymmenen ja enemmän kuin kymmenen prosenttia henkilöstön määrästä.

Lähde: Laki yhteistoiminnasta yrityksissä 725/1978.

1980 –luku

Suositussopimuksiin perustuva työpaikkademokratia vakiintui 1980 –luvulla kunta-alalla, kunnissa ja kuntainliitoissa. 1980 –luvulla sekä työnantajaosapuoli että ammattijärjestöt kouluttivat henkilökuntaa työpaikkademokratiaan. Näin tietämys ja osaaminen lisääntyi. Vastakkainasettelun sijasta pyrittiin löytämään yhteisiä tavoitteita ja voimavarojen yhdistämistä. Tämä oli oppimisen vuosikymmen sekä työnantajille että henkilöstölle ja henkilöstön edustajille yhteistoiminta-elimissä.

Yhteistoiminta valtion virastoissa

Vuonna 1979 voimaan tullut laki yhteistoiminnasta yrityksissä ei koskenut valtion virastoja ja laitoksia. Vasta vuonna 1988 säädettiin laki yhteistoiminnasta valtion virastoissa ja laitoksissa (1.7.1988/651). Lain mukaan yhteistoiminnan osapuolia ovat virasto ja sen henkilöstö. Käytännössä välitöntä yhteistoimintaa toteutetaan virkamiesten ja työntekijöiden ja heidän esimiestensä välillä. Edustuksellista yhteistoimintaa varten virastoon tai sen osaan voidaan asettaa viraston ja sen henkilöstön edustajista koostuva yhteis-toimintaelin. Henkilöstön edustajina voivat toimia luottamusmies ja työsuojeluvaltuutettu sekä henkilöstön lain 5 §:ssä säädettyihin yhteistoiminta-elimiin valitsemat edustajat.

Lain tarkoituksena on antaa henkilöstölle mahdollisuus vaikuttaa päätöksentekoon koskien heidän omaa työtään ja työolojaan sekä edistää valtionhallinnon toiminnan tuloksellisuutta ja taloudellisuutta.

"Virastojen tulee lain mukaan järjestäessään organisaatiotaan, henkilöstön työtehtäviä ja johtamista toimia siten, että järjestelyt edistävät myös henkilöstön ja esimiesten sekä henkilöstön keskinäistä yhteistoimintaa ja tuloksellista työskentelyä sekä antaa henkilöstöön kuuluville mahdollisuuden vaikuttaa työnsä sisältöön ja työympäristöön ja saada tietoja työnsä tavoitteista, merkityksestä ja tuloksista". (Suonsivu 2019.)

Tutkimuksia työpaikkademokratian toteutumisesta

1980 –luvulla päästiin tutkimaan työnantajan ja henkilöstön välisen yhteistoiminnan toteutumista. Sitä ennen oli jo tutkimuksin selvitelty muun muassa henkilöstön osallistumisjärjestelmien kehittämistä (Kahma ja Lumijärvi 1976) ja työsuojelun puolella työvoiman ylläpitoa ja uusiutumista (Kasvio 1976). Pasi Valtee selvitti 1980 –luvulla kunnallisesta työpaikkademokratiasta saatuja kokemuksia (Valtee 1983a, 1984a). Hän tutki myös virastodemokratian toteutumista (Valtee 1983b, 1984b). Myös tutkimushankkeessa "Julkisen sektorin johtamisen tuloksellisuus" (Valtee 1988) kohteena oli yhteistoiminta. Samoin kuin seurantatutkimuksessa (Martikainen, Järviniemi 1989).

Näiden tutkimustulosten mukaan työpaikkademokratia-toiminta koettiin työyksiköiden toiminnasta erilliseksi. Henkilöstö koki osallistuvansa omaa työtään ja työolosuhteitaan koskevaan valmisteluun ja päätöksen-

53

tekoon välittömän työpaikkademokratian, kuten työpaikkakokousten kautta, mutta edustuksellisten työpaikkademokratiatoimielinten toiminta koettiin etäiseksi. (Suonsivu 2000.)

Työsuojelun puolelta esimerkkinä työsuojelulainsäädäntöä koskeneet tutkimukset (Perkka 1984, Hoskola 1989) sekä Eklundin ja Suikkasen tutkimukset yhteiskuntatieteellisestä näkökulmasta (1982,1984). He muun muassa ehdottivat yritysdemokratian ja työsuojelun yhteistoiminnan yhdistämistä. Parrunkoski (1989) selvitti työsuojelun ja työsuojelun yhteistoiminnan toteutusta ja koulutuksen vaikuttavuutta.

1990 –luku

Virka- ja työehtosopimuksen luonteinen yhteistoimintamenettelyä koskeva yleissopimus

Työnantajan ja henkilöstön välinen yhteistoiminta kunnissa ja kuntayhtymissä muuttui 1990 –luvulla suosituissopimuspohjaisesta työpaikkademokratiasta virka- ja työehtosopimuksen luonteiseksi vuonna 1993 solmitulla yleissopimuksella. Sopimusosapuolia olivat työnantajaa edustava Kunnallinen työmarkkinalaitos sekä työntekijöitä edustavat ammatilliset pääsopijajärjestöt Akava-JS ry, Kunta-alan unioni ry, Tekniikan ja peruspalvelujen neuvottelujärjestö KTN ry ja Toimihenkilöiden neuvottelujärjestö TNJ ry. Yleissopimusta tarkistettiin ja täydennettiin myöhemmin vuonna 2002. Asiapiiri on tässä kirjassa esitetty viimeisimmän yleissopimuksen mukaisena.

Yleissopimuksen tarkoituksena oli kunnallisen palvelutuotannon tuloksellisuuden edistäminen ja henkilöstön työelämän laadun parantaminen antamalla henkilöstölle vaikutusmahdollisuuksia omaa työtään ja omaa työyhteisöään koskevien päätösten valmisteluun.

Yhteistoiminnan osallisia olivat kunta tai kuntayhtymä ja sen palveluksessa oleva henkilöstö. Henkilöstön edustajina voivat toimia pääluottamusmies, luottamusmies, työsuojeluvaltuutettu tai muu yleissopimuksen allekirjoittajajärjestöjen tai niiden paikallisten ala-yhdistysten nimeämä henkilö.

Yleissopimuksen mukaan kunnan tai kuntayhtymän oli neuvoteltava yhteistoimintamenettelyn piiriin kuuluvissa asioissa ennen asian ratkaisemista toimenpiteen perusteista, vaikutuksista ja vaihtoehdoista ainakin niiden viranhaltijoiden ja työntekijöiden kanssa, joita asia koskee. Ennen yhteistoimintamenettelyyn ryhtymistä työnantajan oli velvollinen henkilöstölle tai henkilöstön edustajille asian käsittelyn kannalta tarpeelliset tiedot.

Yhteistoiminnan asiapiiri oli yleissopimuksessa varsin laaja käsittäen seuraavat asiakohdat:

1)henkilöstön asemaan oleellisesti vaikuttavat palvelutoiminnan muutokset, tutkimus- ja kehittämishankkeet, kone- ja laitehankinnat sekä olennaiset muutokset työtehtävissä, töiden ja työtilojen järjestelyissä,

2) lomautusilmoitusten antamista, virka- ja työsopimussuhteiden irtisanomista tai osa-aikaistamista edeltävä asian käsittely silloin, kun toimenpiteet johtuvat hallinnollisista, taloudellisista ja tuotannollisista syistä,

3) henkilöstöhallinnon periaatteet, henkilöstöä kuvaavat tunnusluvut, henkilöstöasioiden hoidossa noudatettavat menettelytavat ja henkilöstöstrategia-asiakirjat,

4) viraston, laitoksen tai muun toimintayksikön taloudellista tilaa, toiminta- ja taloussuunnitelmaa sekä talousarviota ja sen toimeenpanoa koskevat esitykset,

5) kunnan talousarvioehdotus, mikäli sen valmistelun yhteydessä käy ilmi, että talousarvioehdotuksen hyväksyminen todennäköisesti aiheuttaa olennaisia henkilöstön irtisanomisia, osa-aikaistamista, lomautuksia tai muita palvelussuhteen ehtojen muutoksia,

6) henkilöstön kehittämisen periaatteet ja koko kuntaa koskevat henkilöstö- ja koulutussuunnitelmat sekä koulutussopimuksen mukaista koulutusta koskevat taloussuunnitelma,

7) sisäisen tiedotuksen periaatteet,

8) ulkopuolisen työvoiman käytön ja julkisten palveluhankintojen kilpailuttamisen periaatteet, muutoin ulkopuolisen työvoiman käyttöä käsitellään 7 §:n mukaisesti,

9 työkykyä ylläpitävän toiminnan periaatteet,

10) aloitetoiminnan periaatteet

11) henkilöstöpalvelujen järjestäminen,

12) sukupuolten tasa-arvon edistämisestä laaditut suunnitelmat,

13) työsuojeluyhteistoiminta (työsuojelun valvonnasta ja muutoksenhausta työsuojeluasioissa annetun lain 8, 10 ja 11 §:n kunnallisen alan työsuojelusopimuksen rajoituksin), jos paikallisesti niin sovitaan

14) palvelukseen tulon yhteydessä ja palvelussuhteen aikana kerättävät ja palvelukseen tulevalle annettavat tiedot sekä tehtäviin perehdyttämisen järjestelyt,

15) henkilöstöön kohdistuvan kameravalvonnan, kulunvalvonnan ja muun teknisin menetelmin toteutetun

valvonnan tarkoitus, käyttöönotto ja siinä käytettävät menetelmät sekä sähköpostin ja tietoverkon käyttö,

16) ennen työterveyshuoltolain 11 §:n 4 momentissa tarkoitetun päihdeohjelman hyväksymistä yksityisyyden suojasta työelämässä annetun lain 7 §:ssä ja 8 §:n 1 momentissa tarkoitetut tehtävät, joista työnhakija tai työntekijä on velvollinen antamaan tai voi suostumuksensa perusteella antaa huumausainetestiä koskevan todistuksen työnantajalle, sekä

17) muut periaatteelliset tai muutoin yleisluontoiset palvelussuhteeseen ottamista ja palvelussuhteeseen kuuluvia oikeuksia ja velvollisuuksia koskevat asiat, joista ei voida neuvotella ja sopia kunnallisen virkaehtosopimuslain nojalla.

Vaikka yhteistoimintalaki myöhemmin rajasi asiapiirin suppeammaksi, virka- ja työehtosopimusluonteisen yhteistoimintamenettelyn mukainen laaja asiapiiri vakiintui käytännöksi.

Muutos suositussopimuspohjaisesta työpaikkademokratiasta virka- ja työehtosopimusluonteiseen yhteistoimintaan oli periaatteessa suuri, sillä yhteistoimintaa säädeltiin nyt työmarkkinaosapuolten välisellä sitovalla sopimuksella. Yleissopimus oli oikeudelliselta luonteeltaan virka- ja työehtosopimus. Yleissopimus yhteistoiminnasta oli sinällään käypä sopimuksena kunnissa ja kuntayhtymissä.

Yhteistoiminnasta voitiin sopia myös paikallisilla yhteistoimintasopimuksilla, joilla sopimusosapuolet päättivät yksityiskohtaisemmin yhteistoiminnan organisoinnista kunnassa tai kuntayhtymässä.

Tärkeätä oli niveltää yhteistoiminta hallinnolliseen organisaatioon siten, että se kattoi kaikki organisaatiotasot. Paikallinen yhteistoimintasopimus saattoi pitää sisällään esimerkiksi seuraavia kohtia:

Edustuksellisten yhteistyöelinten (yhteistyötoimikunta, yhteistyöryhmä, tmv.) kokoonpano eri organisaatiotasoilla

Yhteistyöelinten tehtävät

Yhteistyöelinten toimikauden pituus

Yhteistyöelinten kokouskäytännöt

Työsuojelun yhteistoiminta

Työsuojelun edustus yhteistyöelimissä

Välittömän yhteistoiminnan muodot vastuualueilla ja vastuuyksiköissä

Työpaikkakokouskäytännöt.

Virka- ja työehtosopimuksen luonteinen yleissopimus yhteistoiminnasta oli voimassa vuodesta 1993 vuoteen 2007, jolloin säädettiin laki työnantajan ja henkilöstön välisestä yhteistoiminnasta kunnissa (449/2007).

Tutkimuksia 1990 –luvulla

1990 –luvulla Suomessa tutkittiin työnantajan ja henkilöstön välistä yhteistoimintaa varsin runsaasti. Näistä mainittakoon esimerkiksi Tampereen yliopistontyöelämän tutkimuskeskuksen laaja tutkimus, jossa selvitettiin palveluorganisaatioiden tuloksellisuuden ja laadun kehittämistä, yhteistoiminnan kehittämistuloksia sekä rakenteen ja toiminnan vuorovaikutusta (Kasvio, Kalliola, Pesonen 1994).

Työelämän kulttuurin muutoksia tutki Rajakaltio, laadun muutoksia Nakari ja strategista henkilöstövoimavarajohtamista Pesonen. Pyrkimyksenä oli kehittää toimintaa lähemmäksi käytännön työelämää ja päästä eroon johdon ja ammattiyhdistysliikkeen vastakkainasettelusta. Maija Ojakoski (1999) tutki yhteistoimintalain toimivuutta elintarviketeollisuuden työpaikoilla laatukysymyksenä. Hän painotti taustatietojen antamista ennen neuvotteluja ja päätöksentekoa.

Itse tutkin yhteistoimintaa vuonna 1996 eräässä sairaanhoitopiirissä. Tutkimuskysely oli osoitettu sairaanhoitopiirin edustuksellisissa yhteistoiminta-

60

elimissä toimiville. Tulosten mukaan yhteistoiminta-
sopimuksilla ja toiminnan organisoinnilla oli pystytty
luomaan sekä työnantajan että henkilöstön edustajien
mielestä kattava ja hyvätasoinen edustuksellinen
yhteistoimintamenettely sairaanhoitopiiri- ja
sairaalatasoille. Tulosyksikkötasolla organisointi ei
riittävästi turvannut henkilöstön vaikutus-
mahdollisuuksia.

"Siirtyminen suositussopimuspohjaisesta työpaikka-
demokratiatoiminnasta virka- ja työehtosopimusten
luonteiseen yhteistoimintamenettelyyn on vaikuttanut
yleensä myönteisesti johtamistapaan ja
päätöstenvalmisteluun sairaanhoitopiiri- ja
sairaalatasolla sekä sisäiseen tiedottamiseen ja
henkilöstön vaikutusmahdollisuuksiin koskien heidän
omaa työyhteisöään. Sen sijaan muutos ei ole erityisesti
vaikuttanut johtamistapoihin tulosyksikkö- tai
työpaikkatasoilla, eikä lisännyt koettua henkilöstön
työelämän laatua tai työmotivaatiota." (Suonsivu 2000.)

Henkilöstön vaikutusmahdollisuudet olivat tutkimuksen
mukaan lisääntyneet erityisesti toiminnan ja talouden
suunnitteluprosessissa, henkilöstötyössä ja johta-
misessa. Henkilöstön katsottiin voivan vaikuttaa aiempaa
enemmän henkilöstöpolitiikkaan, yhteis-
toimintamenettelyn kehittämiseen ja työsuojeluun.

Työsuojelun puolelta tutkimusesimerkkeinä työsuojelukäytäntöjen ongelmat (Koivisto 1990), kuntaorganisaation työsuojelupolitiikka (Koivisto 1992), Kuntaorganisaatioiden työsuojelujärjestelmät ja kehityssuunnat (Tarkkonen 1993), tehokkaat työsuojelutoiminnan muodot (Lappalainen ja Rantanen 1996) sekä organisaatiokohtainen työsuojelujärjestelmä (Tarkkonen 1998).

2000 -luku

Yhteistoimintamenettelydirektiivi ja sosiaalinen peruskirja

Euroopan unioni antoi vuonna 2002 yhteistoimintamenettelyä koskevan direktiivin, jonka tarkoituksena oli luoda yleiset puitteet vähimmäisvaatimuksista työntekijöiden oikeuksista saada tietoja ja tulla kuulluksi jäsenvaltioiden yrityksissä ja toimipaikoissa. Suomessa direktiivin katsottiin koskevan myös kuntaa ja valtiota työnantajina.

Yhteistoimintadirektiivin mukaan tiedottaminen ja kuuleminen sisältävät:

Tiedottamisen yrityksen toiminnan viimeaikaisesta ja todennäköisestä kehityksestä sekä taloudellisesta tilanteesta

Tiedottamisen ja kuulemisen yrityksen työllisyystilanteesta, sen rakenteesta ja todennäköisestä kehityksestä sekä mahdollisista suunnitelluista ennakoivista Toimenpiteistä erityisesti työpaikkojen ollessa uhattuina

Tiedottamisen ja kuulemisen päätöksistä, jotka saattavat muuttaa merkittävästi työn organisointia ja työsopimussuhteita.

Yhteistoimintadirektiivi siis edellytti, että työntekijöiden edustajat saavat oikea-aikaista ja oikeasisältöistä tietoa, jotta he voivat perehtyä asioihin ja valmistautua kuulemiseen. Kuulemisen tarkoituksena oli saada aikaan sopimus kuulemisen kohteena olevasta asiasta.

Euroopan sosiaalinen peruskirja tuli Suomen osalta voimaan kesäkuussa 2002. Yhteistoiminnan kannalta merkittävä on peruskirjan artikla 21, mikä koskee oikeutta tiedon saantiin ja neuvotteluihin.

Sopijaosapuolet sitoutuvat toteuttamaan ja kannustamaan toimia, jotka mahdollistavat sen, että työntekijät tai heidän edustajansa kansallisen lainsäädännön mukaisesti saavat:

Säännöllisesti tai sopivana ajankohtana ymmärrettävällä tavalla tietoa sen yrityksen taloudellisesta tilanteesta, jonka palveluksessa he ovat, kuitenkin siten, että sellaisen tiedon paljastaminen, joka saattaisi olla yritykselle haitallinen voidaan kieltää tai esittää luottamuksellisena

Hyvissä ajoin neuvotella sellaisten ehdotettujen päätösten osalta, jotka voivat olennaisesti vaikuttaa työntekijöiden etuihin, erityisesti niistä päätöksistä, joilla voisi olla merkittävä vaikutus yrityksen työllisyystilanteeseen. (HE 267/2006.)

Sosiaalinen peruskirja sisältää paljon muitakin yhteistoimintaan liittyviä artikloita, jotka koskevat esimerkiksi oikeutta saada tietoa ja neuvotella joukkoirtisanomismenettelyissä, järjestäytymisoikeutta, kollektiivista neuvotteluoikeutta, oikeutta osallistua työoloja ja työympäristöä koskevaan päätöksentekoon sekä niiden parantamiseen, oikeutta ihmisarvoiseen kohteluun työssä, työntekijöiden edustajien oikeutta suojeluun yrityksessä ja heille annettavia toimintamahdollisuuksia.

Laki yhteistoiminnasta yrityksissä

Ensimmäinen laki yhteistoiminnasta yrityksissä on vuodelta 1978. Lakia on useita kertoja sen jälkeen täydennetty. Lakia pidettiin vaikeaselkoisena ja yritystasolla vaikeasti hallittavana. Myös Suomea sitovat kansainväliset säännökset tuli ottaa huomioon. Päädyttiin siis säätämään uusi yrityksiä koskeva yhteistoimintalaki (334/2007). Hallituksen esityksessä (HE 254/2006) todettiin, että edellisen lain säätämisen jälkeen oli tapahtunut olennaisia muutoksia talouden yleisissä kehittämisehdoissa johtuen kansainvälistymisestä, elinkeinorakenteesta, henkilöstörakenteesta, yritystoiminnan erikoistumisesta ja verkostoitumisesta.

Vuoden 2007 laki sisälsi seuraavat asiakokonaisuudet:

Yhteistoiminnan osapuolet

Henkilöstöryhmien edustajille annettavat tiedot

Yrityksen yleiset suunnitelmat, periaatteet ja tavoitteet

Sopiminen ja henkilöstön päätökset

Yritystoiminnan muutoksista aiheutuvat henkilöstövaikutukset ja töiden järjestelyt

Yhteistoimintamenettely liikkeen luovutuksen yhteydessä

Yhteistoimintamenettely työvoiman käyttöä vähennettäessä.

Lain tarkoituksen kertoo 1 §:

"Tällä lailla edistetään yrityksen ja sen henkilöstön välisiä vuorovaikutuksellisia yhteistoimintamenettelyjä, jotka perustuvat henkilöstölle oikea-aikaisesti annettuihin riittäviin tietoihin yrityksen tilasta ja sen suunnitelmista. Tavoitteena on yhteisymmärryksessä kehittää yrityksen toimintaa ja työntekijöiden mahdollisuuksia vaikuttaa yrityksessä tehtäviin päätöksiin, jotka koskevat heidän työtään, työolojaan ja asemaansa yrityksessä. Tarkoituksena on myös tiivistää työnantajan, henkilöstön ja työvoimaviranomaisten yhteistoimintaa työntekijöiden aseman parantamiseksi ja heidän työllistymisensä tukemiseksi yrityksen toimintamuutosten yhteydessä."

Laissa nähdään tärkeinä muun muassa työnantajan henkilöstöryhmien edustajille annettavat tiedot, selvitykset ulkopuolisen työvoiman käytöstä ja niiden henkilöstövaikutuksista, vuosittaiset henkilöstö-suunnitelmat ja koulutustavoitteet sekä suunnitelmien ja tavoitteiden toteutuminen ja seuranta.

Yhteistoimintaneuvotteluista todetaan lain 20§:ssä seuraavaa: "Ennen kuin yrityksessä otetaan käyttöön tässä luvussa tarkoitettu suunnitelma, tavoitteet, periaatteet tai muu järjestely taikka tällaisen muutos, käsitellään yhteistoiminnan hengessä yksimielisyyden saavuttamiseksi niiden perusteita, tavoitteita, tarkoituksia ja vaikutuksia niiden henkilöstöryhmien edustajien kanssa, joita asia koskee.

Jos käsiteltävä asia koskee yhtä henkilöstöryhmää, käsitellään asia tämän henkilöstöryhmän edustajan tai edustajien kanssa. Jos käsiteltävä asia vaikuttaa yhtä useampaan henkilöstöryhmään, tulee se käsitellä yhteisessä kokouksessa, johon osallistuvat niiden henkilöstö-ryhmien edustajat, joita asia koskee. Tällainen asia voidaan käsitellä myös muulla 9 §:ssä tarkoitetulla tavalla".

Lähde: Laki yhteistoiminnasta yrityksissä (334/2007).

Laki työnantajan ja henkilöstön välisestä yhteistoiminnasta kunnissa

Kunta-alalla yhteistoiminta sääteli vuodesta 1993 vuoteen 2007 virka- ja työehtosopimuksen luoteinen yleissopimus yhteistoiminnasta. Vuonna 2007 säädettiin laki työnantajan ja henkilöstön välisestä yhteistoiminnasta kunnissa (449/2007). Laki tuli voimaan 1.9.2007.

Hallituksen esityksessä eduskunnalle laiksi työnantajan ja henkilöstön välisestä yhteistoiminnasta kunnissa todettiin, ettei ole olemassa erityisiä perusteita sille, että kunnallisten viranhaltijoiden ja työntekijöiden oikeudesta tietojen saantiin ja neuvotteluoikeudesta säänneltäisiin yksityissektorista ja valtiosta poiketen (HE 367/2006). Suomen perustuslain (14 §:n 3. mom.) mukaan julkisen vallan tulee edistää yksilön mahdollisuuksia osallistua yhteiskunnalliseen toimintaan ja vaikuttaa häntä koskevaan päätöksentekoon. Edellä selvitetyt EU:n säädökset ja Suomen perustuslain säädökset antoivat pohjan kunnallisen yhteistoimintalain säätämiselle.

Kunnallisen yhteistoimintalain 1. pykälän mukaan "tarkoituksena on edistää työnantajan ja henkilöstön välistä yhteistoimintaa kunnissa. Yhteistoiminnan tavoitteena on antaa henkilöstölle mahdollisuus yhteisymmärryksessä työnantajan kanssa osallistua kunnan toiminnan kehittämiseen ja antaa henkilöstölle mahdollisuus vaikuttaa omaa työtään ja työyhteisöään koskevien päätösten valmisteluun sekä samalla edistää kunnallisen palvelutuotannon tuloksellisuutta ja henkilöstön työelämän laatua". Lain perusteluissa korostetaan avointa vuorovaikutusta, osapuolten välistä luottamusta sekä esimiesten ja alaisten välisessä vuorovaikutuksessa päivittäin tapahtuvaa yhteistyötä. (Ohjeet työnantajan ja henkilöstön välisestä yhteistoiminnasta kunnissa, KT:n yleiskirje 7/2007.)

Yhteistoiminnan osapuolia ovat kunta tai kuntayhtymä työnantajana ja sen palveluksessa oleva henkilöstö. Henkilöstön edustajia ovat luottamusmies, työsuojeluvaltuutettu tai muu henkilöstön edustaja.

Mikäli jossakin henkilöstöryhmässä enemmistö on ammattiliittoihin kuulumattomia, heillä on oikeus valita yhteistoimintaedustaja. Käsiteellä henkilöstöryhmä tarkoitetaan kunta-alalla tehtävien sisällön ja ammattialan mukaista jakoa, joista esimerkkeinä toimistoala, tekninen ala, hoitoala, opetusala ja ruokahuolto. Laissa yhteistoiminnasta yrityksissä henkilöstöryhmiä ovat työntekijät, toimihenkilöstö ja ylemmät toimihenkilöt.

Yhteistoiminnan asiapiiri on laissa suppeampi kuin yhteistoimintaa koskevassa yleissopimuksessa. Yhteistoimintamenettelyssä voidaan kuitenkin käsitellä muitakin asioita, jos sitä pidetään paikallisesti tarpeellisena. Yhteistoimintamenettelyssä on käsiteltävä ainakin sellaiset asiat, jotka koskevat:

> Henkilöstön asemaan merkittävästi vaikuttavia muutoksia työn organisoinnissa, kunnan palvelu- rakenteessa, kuntajaossa tai kuntien välisessä yhteistyössä

> Palvelujen uudelleenjärjestämisen periaatteita, jos asialla voi olla olennaisia henkilöstövaikutuksia, kuten ulkopuolisen työvoiman käyttö tai liikkeen luovutusta

> Henkilöstöön, henkilöstön kehittämiseen ja tasa-arvoiseen kohteluun sekä työyhteisön sisäiseen tietojen vaihtoon liittyviä periaatteita ja suunnitelmia

> Taloudellisista tai tuotannollisista syistä toimeenpantavaa osa-aikaistamista, lomauttamista tai irtisanomista.

Henkilöstön asemaan vaikuttavia merkittäviä muutoksia voivat olla esimerkiksi työtehtävien, töiden tai työtilojen uudelleenjärjestelyt, kunnan tai sen osan liittäminen toiseen kuntaan ja muutokset kuntien välisessä yhteistyössä. Yhteistoimintamenettelyssä ei tarvitse käsitellä vähäisiä muutoksia työtehtävien sisällöissä, mutta sen sijaan tuntuvat ja pysyvät muutokset pitää käsitellä. Olennaisia henkilöstövaikutuksia arvioitaessa on merkitystä sillä, koskeeko muutos vain yksittäistä työntekijää vai laajempaa henkilöstömäärää tai -ryhmää.

Palvelujen uudelleenjärjestelyjen periaatteita ovat esimerkiksi julkisten palvelujen kilpailuttamisen periaatteet. Myös toiminnan yhtiöittämisen periaatteet kuuluvat yhteistoimintamenettelyn asiapiiriin.

Henkilöstöön, henkilöstön kehittämiseen tai sisäiseen tietojen vaihtoon liittyviä periaatteita ja suunnitelmia ovat mm. henkilöstöstrategiat sekä periaatteet henkilöstöasioissa ja -hallinnossa, työhönotossa, perehdyttämisessä, sisäisessä tiedotuksessa, aloitetoiminnassa ja virkistys- ja työhyvinvointitoiminnassa. Henkilöstön kehittämisen periaatteita ja suunnitelmia ovat esimerkiksi henkilöstösuunnitelmat (henkilöstörakenne ja henkilöstömäärä) ja koulutussuunnitelmat (koulutustarpeet, henkilöstön osaaminen, täydennyskoulutus).

Henkilöstösuunnitelmasta tai muusta suunnitelmasta tulee ilmetä periaatteet erilaisten palvelussuhdemuotojen käytöstä (toistaiseksi voimassa olevat, määräaikaiset ja osa-aikaiset).

Henkilöstön tasa-arvoiseen kohteluun liittyviä periaatteita ovat esimerkiksi tasa-arvo-ohjelmat ja tasa-arvosuunnitelmat. Jos kunnan talousarvioehdotus edellyttää sellaisia toimenpiteitä, joiden toteuttaminen todennäköisesti aiheuttaisi useita irtisanomiansa, osa-aikaistamisia tai lomautuksia tai merkittäviä heikennyksiä palvelussuhteiden ehtoihin, nämä asiat ja toimenpiteet on käsiteltävä yhteistoimintamenettelyssä ennen kuin hallitus tekee valtuustolle lopullisen talousarvioehdotuksen. Varsinaista talousarvioehdotusta ei tarvitse enää käsitellä yhteistoimintamenettelyssä. Tässä kohdassa laki poikkeaa yleissopimuksesta. (Suonsivu 2019.)

Ennen kunta-alan yhteistoimintalain säätämistä oli siis toimittu virka- ja työehtosopimuksen luonteisen yleissopimuksen mukaisesti 14 vuotta. Tällöin kuntiin ja kuntayhtymiin oli muodostunut hyviä yhteistoiminta-käytäntöjä. Nämä haluttiin säilyttää siirryttäessä lailla säädeltyyn yhteistoimintaan. Tämä tarkoitti muun muassa sitä, että asiapiiri pysyi laajana.

Yhteistoimintamenettely tapahtuu lain mukaan samalla tavalla kuin yleissopimuksen mukaan. Ennen yhteistoimintamenettelyn piiriin kuuluvan asian ratkaisemista on valmisteilla olevan toimenpiteen perusteista, vaikutuksista ja vaihtoehdoista neuvoteltava yhteistoiminnan hengessä ainakin niiden työntekijöiden kanssa, jota asia koskee. Pyritään löytämään yhteisymmärrys. Kun asia on käsitelty yhteistoimintamenettelyssä, asianomainen päättäjä tekee päätöksen, huolimatta siitä onko yhteisymmärrys löytynyt. Yhteistoimintamenettely ei siis rajoita kunnallisen päättäjän päätösvaltaa.

Välittömän yhteistoiminnan muotoja kunta-alalla ovat: kehityskeskustelu, esimies-alaiskeskustelu, työnohjaus, palautteen antaminen, työpaikkakokoukset, tiedotustilaisuudet, koulutus- ja tiedotusluonteiset neuvottelutilaisuudet, osallistuminen kehittämisprojekteihin, laatu- ja tuloksellisuusryhmät sekä tiimit. (Kunnallinen työmarkkinalaitos 2005.)

Asia käsitellään ensisijaisesti asianomaisen työntekijän ja työnantajan välillä työpaikalla. Asian luonteesta ja laajuudesta riippuen käytetään muita välittömän yhteistoiminnan muotoja. Laajakantoiset tai henkilöstöä yleisesti koskevat asiat käsitellään edustuksellisessa yhteistoimintaelimessä. Jos asia on käsitelty työyksikössä, sitä ei tarvitse sen lisäksi käsitellä yhteistoimintaelimessä. Työyksiköistä voidaan muutoin kyllä tehdä esityksiä yhteistoimintaelimelle. Esimerkiksi työpaikkakokous voi tehdä aloitteita ja muita vastaavia esityksiä.

Asioiden valmistelu voidaan tehdä myös ilman yhteistoimintamenettelyä. Usein on hyödyllistä ottaa kuitenkin henkilöstön edustaja tai edustajat mukaan valmisteluun esimerkiksi hanketyöryhmään. Laajoihin hankkeisiin ja erityisiä henkilöstövaikutuksia omaaviin hankkeisiin on viisasta ottaa mukaan henkilöstöedustaja esimerkiksi jokaisesta ammatillisesta pääsopijajärjestöstä. (Suonsivu 2019.)

Työsuojelun yhteistoiminta

Työsuojelun yhteistoimintaa säätelee laki työsuojelun valvonnasta ja työpaikan yhteistoiminnasta (44/2006). Laki tuli voimaan 1.2.2006 ja sillä kumottiin laki työsuojelun valvonnasta ja muutoksenhausta työsuojeluasioissa (131/1973) siihen myöhemmin tehtyine muutoksineen, jota arkikielessä kutsuttiin työsuojelun valvontalaiksi. Lain lisäksi 2000 –luvulla solmittiin työsuojelun yhteistoimintaa koskeva kunnallisen alan työsuojelun yhteistoimintasopimus vuonna 2008. Yhteistoiminnan tarkoitus määriteltiin sopimuksessa seuraavasti:

> Työsuojelu on osa henkilöstövoimavarojen strategista johtamista. Sen tarkoituksena on kehittää työn ja työympäristön terveellisyyttä ja turvallisuutta, kestävää tuloksellisuutta tuottavaa työelämää ja

henkilöstön kokemaa työhyvinvointia suunnitelmallisten henkilöstöstrategisten terveyspainotteisten johtamis- ja toimintatapojen avulla

Työsuojelun yhteistoiminta on työnantajan ja henkilöstön vuorovaikutteista yhteistoimintaa, jonka tarkoituksena on mahdollistaa työntekijöiden osallistuminen ja vaikuttaminen työpaikan terveellisyyttä ja turvallisuutta koskevien asioiden käsittelyyn.

Työsuojelun yhteistoiminnassa käsiteltävät asiat on määritelty työsuojelun valvontalaissa ja kunnallisen alan työsuojelun yhteistoimintasopimuksessa. Asiat ovat seuraavat:

Työntekijän turvallisuuteen ja terveyteen välittömästi vaikuttavat asiat ja niitä koskevat muutokset.

Periaatteet ja tapa, joiden mukaan työpaikan vaarat ja haitat selvitetään sekä edellä tarkoitetussa selvityksessä ja työterveyshuollon tekemässä työpaikkaselvityksessä esille tulleet työntekijöiden turvallisuuteen ja terveyteen yleisesti vaikuttavat seikat

Työkykyä ylläpitävään toimintaan liittyvät ja muut työntekijöiden turvallisuuteen ja terveyteen vaikuttavat kehittämistavoitteet ja kehittämisohjelmat

Työntekijöiden turvallisuuteen, terveyteen ja työkykyyn vaikuttavat työn järjestelyyn ja mitoitukseen sekä niiden olennaisiin muutoksiin liittyvät asia.

Työsuojeluviranomaisen valvontaan kuuluvassa laissa tarkoitetun työntekijöille annettavan opetuksen, ohjauksen ja perehdyttämisen tarve ja järjestelyt

Työhön, työympäristöön ja työyhteisön tilaan liittyvät, työn turvallisuutta ja terveellisyyttä kuvaavat tilasto- ja muut seurantatiedot.

Edellä 1–6 kohdassa tarkoitettujen asioiden toteutumisen ja vaikutusten seuranta.

Toteutetun työn vaarojen selvittämisen ja arvioinnin perusteella tai muutoin paikallisesti tarpeellisiksi havaittuina voivat työsuojelun yhteistoiminnassa käsiteltäviä asioita olla myös esimerkiksi työhyvinvoinnin edistäminen, henkilöstön ikääntymisen vaikutukset, työsuojelua koskevan tiedotuksen ja ensiavun järjestäminen, päihdeongelmien ennaltaehkäisyä ja päihteiden väärinkäyttöä koskevat menettelytavat ja hoitoonohjauksen mallit sekä varhaisen puuttumisen ja kuntoutukseen ohjaamisen menettelyt.

Työpaikan työsuojelun yhteistoimintaorganisaation muodostavat työntekijöiden osalta työsuojeluvaltuutetut, varavaltuutetut ja työsuojeluasiamiehet, jotka työntekijät valitsevat työsuojeluvaaleilla. Työnantajan puolelta yhteistoimintahenkilönä on työsuojelupäällikkö. Edustuksellinen työsuojelun yhteistoimintaelin on työsuojelutoimikunta.

Työn terveellisyydestä ja turvallisuudesta vastaavana työsuojeluorganisaationa toimii työpaikan linjaorganisaatio, jossa vastuullisia toimijoita ovat johtajat ja esimiehet.

Työn terveellisyyteen ja turvallisuuteen liittyvät asiat pyritään ensisijaisesti selvittämään välittömästi työpaikoilla. Työntekijöiden apuna ovat työsuojeluvaltuutetut, joilla on vahvat oikeudet esimerkiksi tietojen saantiin. Esimiesten tukena toimii työpaikan työsuojelupäällikkö. Laajemmat ja vaikeimmat työsuojelu- ja turvallisuusasiat käsitellään edustuksellisessa elimessä, työsuojelutoimikunnassa.

Työturvallisuusasioissa ei osapuolten, työntekijät - työnantaja, välillä ole periaatteellista ristiriitaa, sillä osapuolen tavoitteet ovat yhtenevät. Pyritään siihen, että työolosuhteet olisivat terveelliset ja turvalliset, tapaturmia ja turvallisuuspoikkeamia olisi mahdollisimman vähän tai ei lainkaan, eikä työ kuormittaisi ja stressaisi liikaa. Käytännössä erimielisyyttä aiheuttaa usein se, että työntekijät ja työsuojeluvaltuutetut vaativat epäkohtiin nopeita korjaustoimenpiteitä. Aina ne eivät ole mahdollisia, kuten esimerkiksi sisäilmaongelmissa, kun ratkaisuna on uusien tilojen rakentaminen.

Tutkimuksia 2000 –luvulla

Yhteistoimintamenettelyä tutkittiin 2000 –luvulla monista eri näkökulmista. Näistä seuraavassa esimerkkejä. Työn organisoinnin ja yhteistoiminnan yhteyksiin kiinnitettiin huomiota. Antila ja Ylöstalo (2002) jakoivat organisaatiot proaktiivisiin ja traditionaalisiin sen mukaan, miten paljon työntekijöille sallittiin vaikutusmahdollisuuksia omaa työtään koskevissa asioissa. Traditionaalisissa työpaikoissa päätösvalta oli keskitettyä ja ylhäältä ohjattua. Sen sijaan proaktiivisissa työpaikoissa organisaatio oli kevyempi ja henkilöstön osallistumis- ja vaikutusmahdollisuudet paremmat. Vaikutusmahdollisuuksilla oli tutkitusti merkitystä myös henkilöstön hyvinvointiin (Janhonen 2002). Johdon asenteen ja toiminnan merkitystä selvitti Lines (2004). Hänen mukaansa johdon aktiivinen ja henkilöstöä osallistamista tukeva toimintatapa työn organisoinnissa auttaa uusien toimintatapojen omaksumista. Muutokset työn organisoinnissa voivat aiheuttaa työntekijöissä vastarintaa, koska pelkona voi olla työn menettäminen (Ashcaft 2005).

Ammattijärjestöt tekivät 2000 –luvulla yhteistoimintaa koskevia kyselyjä jäsenistölleen. Esimerkkinä SAK:n järjestötutkimus vuonna 2005, johon vastasi 6236 henkilöä. Tutkimuksen mukaan henkilöstön mahdollisuudet vaikuttaa omaan työhönsä olivat edellisten vuosien aikana heikentyneet. Työntekijät kokivat vaikutusmahdollisuuksiensa heikentyneen työmenetelmiä, työn tekemisen järjestystä ja työpisteen suunnittelua koskevissa asioissa. Erityisesti määräaikaista työtä tekevät kokivat vaikutus-mahdollisuutensa omaan työhönsä heikoiksi.

Kunta-alan työolobarometriin vuonna 2005 haastateltiin 733 henkilöä. Vastaajista 33 prosenttia katsoi voivansa vaikuttaa työtehtäviinsä paljon tai melko paljon. Kuntien toimialoista (sosiaali, terveys, opetus) heikoin tulos, 26 prosenttia, oli terveystoimessa/terveydenhuollossa. Työtahtiinsa katsoi voivansa vaikuttaa paljon tai melko paljon 38 prosenttia ja töiden jakoon 26 prosenttia vastaajista. (Työturvallisuuskeskus 2006.)

Työsuojelun osalta muutama tutkimusesimerkki. Kämäräinen (2001) tutki työsuojelun yhteistoimintaa valtion hallinnossa ja laitoksissa. Saari ja Perttula (2004) vertailivat turvallisuusammattilaisten tehtävien ja pätevyyksien. Viimeksi mainitussa kiinnitettiin huomiota muun muassa turvallisuusammattilaisten osaamiseen ja ajankäyttöön.

Työturvallisuuskeskuksen toimesta tutkittiin työsuojelun yhteistoimintaa kunta-alalla. Tällöin selvitettiin (Tarkkonen 2005) työsuojelutoimikuntien tavoitteita, toimintaa, sopimuksia ja päätöksiä tuottavina ryhminä. Tarkkonen (2005) selvitti väitöstutkimuksessaan työsuojelupäälliköiden ja työsuojeluvaltuutettujen toimijuutta osana työorganisaatiota ja työorganisaatiokohtaista työsuojelujärjestelmää.

2010 –luku

Lisää yhteistoimintaa koskevia tutkimuksia

Tässä kappaleessa esimerkkinä kaksi ammattijärjestötutkimusta, joista ensimmäinen oli toimihenkilöjärjestö STTK:n vuonna 2013 tekemä toimihenkilöbarometri. Tällöin lähes puolet (48 %)

vastaajista katsoi vaikutusmahdollisuutensa omaa työtään koskeviin päätöksiin joko erittäin tai melko vähäisiksi. Toinen tutkimus oli toimihenkilöjärjestö STTK:n vuonna 2016 tekemä järjestötutkimus, johon osallistui 1061 henkilöä. Yli puolet vastaajista (57 %) koki vaikutusmahdollisuutensa oman työpaikan kehittämiseen vähäiseksi tai ei voinut lainkaan vaikuttaa. Tulokset osoittivat, että henkilöstön osallistuminen asioiden valmisteluun ja päätöksentekoon työpaikoilla oli edelleenkin puutteellista eikä edistänyt työnantajan ja henkilöstön välistä yhteistoimintaa. (STTK 2017.)

Työsuojelun yhteistoiminnan puolelta nostan esille Tarkkosen (2016) toisen väitöstutkimuksen, jossa hän selvitti turvallisuuden ja hyvinvoinnin kokonaishallintaa estäviä ja vaikeuttavia uskomuksia.

Itse tutkin yhteistoimintamenettelyä eräässä sairaanhoitopiirissä kahdessa vaiheessa, vuonna 2006 ja 2014. Tutkimuksen tavoitteena oli selvittää mitkä olivat sairaanhoitopiirin kuntayhtymän henkilöstön vaikutusmahdollisuudet heidän omaa työtään ja työyhteisöään koskeviin asioihin yhteistoimintalain ja sopimusten mukaisessa yhteistoimintamenettelyssä.

Tutkimuskyselyjen kohderyhmäksi valitsin sairaanhoitopiirin toimialueiden edustukselliset yhteistyöryhmät. Ensimmäinen kysely osoitettiin toimikaudelle 2005 - 2008 nimettyjen yhteistyöryhmien jäsenille.

Kyselyyn vastasi 75 henkilöä. Kyselyllä pyrin selvittämään, mitkä olivat henkilöstön vaikuttamis- mahdollisuudet toimialueiden yhteistyöryhmän jäsenten kokemina tai arvioimina organisaatiossa tehdyn yhteistoiminnan kehittämistyön jälkeen.

Kysymykset koskivat muun muassa yhteistoiminnan organisointia ja tavoitteellisuutta, yhteistoiminta- menettelyä koskevien säädösten tunnettavuutta, yhteistoimintakäytäntöjä sairaanhoitopiirin toimi- alueella, vaikutusmahdollisuuksia omaan työhön ja omaan työyhteisöön sekä yhteistoimintaa edistäviä ja haittaavia tekijöitä. Vaikutusmahdollisuuksien kehittymistä selvitin vuonna 2014 tehdyllä seurantakyselyllä, minkä kohdensin sairaanhoitopiirin toimialueiden toimikaudeksi 2013 - 2016 nimettyjen yhteistyöryhmien jäsenille. Kyselyyn vastasi 55 henkilöä.

Tulosten mukaan vastaajat olivat tyytyväisiä yhteistoimintamenettelyn organisointiin sairaanhoito- piirissä ja asioiden ohjaamiseen käsittelyyn oikeille organisaatiotasoille. Yhteistoiminnan tavoitteet oli määritelty yhdessä työnantajan ja henkilöstön edustajien kanssa ja asiat yhteistyöryhmissä käsiteltiin melko usein yhteisymmärrykseen pyrkien.

Yhteistyöryhmissä käsiteltiin asioita laajasti kumpanakin tutkimusvuotena. Yhteistoimintamenettelyä koskevien säädösten ja sopimusten tunnettavuus oli vuonna 2006 paremmalla tasolla kuin vuonna 2014. Runsaasta koulutuksesta huolimatta henkilöstöedustajien yhteistyövalmiuksissa oli parannettavaa.

Henkilöstön edustajat toivat esille asioiden käsittelyn toimialueen yhteistyöryhmässä vaikuttaneen myönteisesti vaikutusmahdollisuuksiin koskien omaa työtä ja työyhteisöä, vähiten tuloksellisuuteen ja työmotivaatioon. Vastaajat halusivat vaikuttaa erityisesti johtamiseen ja asioiden valmisteluun ennen päätöksentekoa.

Työyhteisöissä paras välittömän yhteistoiminnan muoto oli kumpanakin tutkimusvuotena välitön keskustelu lähiesimiehen kanssa, toiseksi tärkein kehityskeskustelu ja kolmanneksi työpaikkakokous. Näillä pystyttiin parhaiten vaikuttamaan sekä omaa työtä että työyhteisöä koskeviin asioihin. Vähiten vaikuttamismahdollisuuksia tarjosivat työnohjaus ja laaturyhmä.

Kaikkiaan eri tutkimusvuosina noin kaksi kolmasosaa vastaajista arvio voivansa vaikuttaa omaa työtään koskeviin asioihin vähintään melko paljon. Omaa työyhteisöään koskeviin asioihin katsoi voivansa vaikuttaa kumpanakin tutkimusvuotena melko paljon lähes kaikki työnantajan edustajat, henkilöstön edustajista vuonna 2006 noin puolet ja vuonna 2014 noin kolmeneljäsosaa. (Suonsivu 2018.)

Yhteistoimintaa edistävät tekijät

Yhteistoimintamenettelyä toimialueilla edistäviä tekijöitä esitettiin tutkimusvastauksissa runsaasti. Vahvasti niistä nousivat esille:

yhteiseen päämäärään pyrkiminen

tavoitteiden tunteminen

työnantajan ja henkilöstön vastakkainasettelun välttäminen

aito kuuleminen ja näkemysten huomioiminen ennen päätöksentekoa

huolehtiminen osallistumisen edellytyksistä

säännölliset kokoukset

riittävä ja oikea-aikainen avoin tiedottaminen

hyvät yhteistyötaidot,

toiminnan oikeudenmukaisuus

avoin ilmapiiri ja vuorovaikutus.

Työyhteisöissä yhteistoimintamenettelyä edistivät pitkälti samat asiat kuin toimialueilla. Tärkeänä nähtiin myös:

päätöksiin sitoutuminen

osaava ja tasapuolinen esimiestoiminta

säännölliset työpaikkakokoukset

kehityskeskustelut

henkilöstön mukaanotto suunnitteluun

hyvä tiedonkulku

hyvä työilmapiiri

toimivat ihmissuhteet. (Suonsivu 2018.)

Yhteistoimintaa haittaavat tekijät

Tutkimusvastauksissa yhteistoimintaa haittaavista tekijöistä toimialueilla keskeisiä olivat:

heikko johtaminen

osallistumisvaikeudet

puutteelliset kokousvalmistelut

riittämätön tiedon saanti

välinpitämättömyys ja passiivisuus

riittämätön tietämys yhteistoiminnasta.

Työyhteisöissä yhteistoimintaa haittasivat lisäksi:

lukkiutuneet asenteet

muutosvastarinta

luottamuspula

puutteet esimiestaidoissa

tietämättömyys ja osaamattomuus

liiallinen työkuormitus

työnohjauksen puute

toimimattomat ihmissuhteet.

(Suonsivu 218.)

Yhteistoiminnan ydin on työnantajan ja henkilöstön voimavarojen yhdistäminen yhteisen päämäärän saavuttamiseksi. Etsitään hyviä ratkaisuja yhteistoiminnan keinoin, mutta ei rajoiteta päättäjien päätösvaltaa.

Yleisesti ilmaistiin luottamuksen puutteen haittaavan tavoitteisiin pyrkimistä. Henkilöstöedustuksessa näytti myös välillä korostuvan edunvalvonta yhteistoiminnan sijasta. Yhteistoiminnan onnistuminen edellyttää osallistujilta hyviä valmiuksia. Tässä oli vielä parannettavaa. Samoin osallistumisen edellytyksissä, joista työnantajan tulee huolehtia. Tutkimustulosteni mukaan sairaanhoitopiirin henkilöstöllä oli kaiken kaikkiaan hyvät vaikutusmahdollisuudet yhteistoiminta-menettelyn keinoin. (Suonsivu 2018.)

Yhteistoimintalain uudistus

Tarve uudistaa yhteistoimintalakia tuotiin julki jo edellisellä vuosikymmenellä. Ammattijärjestöistä esimerkiksi STTK:n mielestä yhteistoimintalaki oli "hallinnollisesti raskas ja vaikeaselkoinen eikä se velvoita aitoon yhteistoimintaan" (Aamulehti 15.2.2017). Järjestön mielestä yhteistoimintalakia tulisi uudistaa siten, että edistettäisiin jatkuvaa vuopuhelua ja yhteistoimintaa työpaikoilla, parannettaisiin työhyvinvointia ja kehitettäisiin ammatillista osaamista. Uudessa laissa tulisi siis painottaa työpaikkojen toiminnan kehittämistä.

Silloisen työ- ja oikeusministeri Lindströmin mielestä "yt-laki on leimautunut irtisanomislaiksi, kun siellä olisi mahdollisuuksia paljon muuhunkin yhteistoimintaan" (Lindström 2017).

Työ- ja elinkeinoministeriö asetti 4.5.2018 Katariina Murron ja Rauno Vanhasen selvittämään yhteistoimintalain toimivuutta ja laatimaan ehdotuksen muutostarpeista siihen.

Tehdyn selvityksen mukaan "uudistuksella pyritään vuorovaikutuksen ja tiedonkulun parantamiseen, myönteisen neuvottelukulttuurin syntymiseen ja toiminnan kehittämiseen. Yhteistoimintalaista tehtäisiin nimenomaan kehittämislaki, minkä avulla kehitettäisiin sekä toimintaa että henkilöstöä. Nykyiset työvoimanvähentämistä koskevat pykälät siirrettäisiin kokonaan työsopimuslakiin. Kehittämislaissa korostettaisiin työntekijöiden tiedon saannin parantamista ja jatkuvaa vuoropuhelua. Toiminnassa korostuisivat luottamus, sitoutuminen ja kehittäminen". (Suonsivu 2019.)

2020 –luku

Yhteistoimintalaki

Uusi yhteistoimintalaki (1333/2021) hyväksyttiin 30.12.2021 ja se tuli voimaan 1.1.2022. Lailla korvattiin aiempi yhteistoiminnasta yrityksissä annettu laki (334/2007) ja henkilöstön edustuksesta yritysten hallinnossa annettu laki (725/1990).

Yhteistoimintalain tarkoitus selviää lain 1 §:stä. "Tarkoituksena on edistää työpaikoilla toimintakulttuuria, jossa työnantaja ja henkilöstö toimivat yhteistoiminnan hengessä toistensa oikeuksia ja velvollisuuksia kunnioittaen ja ottaen samalla huomioon toistensa edut.

Lisäksi tarkoituksena on, että yrityksen toimintaa kehitetään jatkuvaluonteisesti sekä toiminnan tuloksellisuutta ja työhyvinvointia parannetaan. Lain tarkoituksena on myös turvata riittävä ja oikea-aikainen tiedonkulku työnantajan ja henkilöstön välillä, sekä turvata henkilöstölle vaikutusmahdollisuuksia yrityksen päätöksenteossa silloin kun se koskee heidän työtään, työolojaan tai asemaansa yrityksessä. Tarkoituksena on myös tiivistää työnantajan, henkilöstön ja työvoimaviranomaisten yhteistoimintaa työntekijöiden aseman parantamiseksi ja heidän työllistymisensä tukemiseksi toimintamuutosten yhteydessä."

Yhteistoimintalakia sovelletaan sellaisiin yrityksiin tai yhteisöihin, joiden työsuhteessa olevien lukumäärä on vähintään 20. Henkilöstön hallintoedustus koskee vain sellaista suomalaista osakeyhtiötä, osuuskuntaa, taloudellista yhdistystä, vakuutusyhtiötä tai pankkia, jonka työsuhteessa on Suomessa säännöllisesti vähintään 150 työntekijää. Laki ei koske kuntia, kuntayhtymiä, kirkkoa eikä valtion virastoja.

Laissa korostuu työnantajan ja henkilöstön välinen säännönmukainen **vuoropuhelu**, mikä koskee:

> Yrityksen tai yhteisön kehitysnäkymiä ja taloudellista tilannetta
>
> Työpaikalla sovellettavia sääntöjä, käytäntöjä ja toimintaperiaatteita
>
> Työvoiman käyttötapoja ja henkilöstön rakennetta
>
> Henkilöstön osaamistarpeita ja osaamisen kehittämistä
>
> Työvoiman ylläpitämistä ja edistämistä

Muusta lainsäädännöstä johtuvista asioista.

Lain 6 §:n mukaan vuoropuhelulla tarkoitetaan työnantajan ja henkilöstön edustajan välistä asioiden käsittelyä, jolla edistetään riittävää ja oikea-aikaista tiedonkulkua työnantajan ja henkilöstön välillä sekä henkilöstön vaikutusmahdollisuuksia asioissa, jotka koskevat heidän työtään, työolojaan tai asemaansa.

Yhteistoimintalain mukaan työnantajan on myös laadittava yhteistyössä henkilöstön edustajan kanssa **työyhteisön kehittämissuunnitelma**, johon on kirjattava:

Nykytila ja ennakoitavissa olevat kehityskulut, joilla voi olla vaikutusta henkilöstön osaamistarpeisiin tai työhyvinvointiin

Päämäärät ja toimenpiteet, joilla kehitetään ja ylläpidetään henkilöstön osaamista sekä edistetään henkilöstön hyvinvointia

Toimenpiteiden vastuunjako ja aikataulu

Seurantamenettelyt

Ulkopuolisen työvoiman käytön periaatteet.

Kehittämissuunnitelmaa laadittaessa ja ylläpidettäessä on tarpeen mukaan kiinnitettävä huomiota:

Teknologiseen kehitykseen, investointien ja muiden yrityksen tai yhteisön toiminnassa tapahtuvien muutosten vaikutuksiin työyhteisössä

Eri elämäntilanteessa olevien työntekijöiden erityistarpeisiin ja erityisesti tarpeisiin ylläpitää työkyvyttömyysuhan alaisten ja ikääntyneiden työntekijöiden työkykyä sekä työkyvyttömyysuhan alaisten työntekijöiden työmarkkinakelpoisuutta

Työyhteisön johtamiseen.

Vuoropuhelua varten työnantajan tulee antaa henkilöstön edustajalle asiaan liittyvät tarpeelliset tiedot. Lain 11§:ssä on luettelo säännöllisesti, kahdesti vuodessa, annettavista tiedoista.

Näitä ovat:

Tiedot henkilöstömääristä liiketoiminta-
yksiköittäin tai muulla vastaavalla tavalla
jaoteltuina

Tiedot määräaikaisissa tai osa-aikaisissa
työsuhteissa työskentelevien
työntekijöiden määristä

Yhtenäinen selvitys yrityksen tai yhteisön
taloudellisesta tilasta, josta käyvät ilmi
tuotannon, palvelu- tai muun toiminnan,
työllisyyden, kannattavuuden ja
kustannusrakenteen kehitysnäkymät.

Jos ei toisin sovita, työnantajan tulee antaa vuosittain
henkilöstön edustajalle:

Tiedot henkilöstön edustajan edustamille
työntekijöille maksetuista palkoista
sellaisella tavalla, ettei niistä ilmene
yksittäisen työntekijän palkkatietoja.
Tiedot on pyydettäessä annettava
jaoteltuina ammattiryhmittäin

Ulkopuolisen työvoiman käytön osalta
tiedot työkohteista ja työtehtävistä sekä
ajanjaksoista, jolloin ulkopuolista
työvoimaa on käytetty, jos se on kuulunut

93

tilaajan selvitysvelvollisuudesta ja
vastuusta ulkopuolista työvoimaa
käytettäessä annetun lain piiriin

Tilinpäätös ja toimintakertomus, jos
työnantajan on sellainen laadittava.

Aloitteen vuoropuhelun käynnistämiseksi voi tehdä
työnantaja tai henkilöstön edustaja.

Eräs keskeinen asia uudessa yhteistoimintalaissa on
muutosneuvottelut. Lain 16 §:n mukaan
muutosneuvotteluvelvoitteen piiriin kuuluu työnantajan
taloudellisella tai tuotannollisella perusteella harkitsema
yhden tai useamman työntekijän irtisanominen,
lomauttaminen, osa-aikaistaminen ja työsopimuksen
olennaisen ehdon yksipuolinen muuttaminen. Lisäksi
velvoitteen piiriin kuuluvat työnantajan harkitsemat,
työnjohtovallan piiriin kuuluvat yhden tai useamman
työntekijän asemaan vaikuttavat olennaiset muutokset
työtehtävissä, työmenetelmissä, töiden järjestelyissä,
työtilojen järjestelyissä tai säännöllisen työajan
järjestelyissä, jotka johtuvat:

Yrityksen tai yhteisön tai niiden jonkin
osan lopettamisesta, siirtämisestä toiselle
paikkakunnalle taikka niiden toiminnan
laajentamisesta tai supistamisesta

Kone- tai laitehankinnoista taikka uuden
teknologian käyttöönotosta

Työn organisointiin tai järjestelyihin
tehtävistä muutoksista

Palvelutuotannon tai tuotevalikoiman
muutoksista

Ulkopuolisen työvoiman käyttöönotosta
tai siinä tehtävistä muutoksista

Muista edellisissä kohdissa tarkoitettuihin
rinnastuvista muutoksista.

Muutosneuvottelut käydään työnantajan ja sen
henkilöstön edustajan välillä, joka edustaa neuvottelujen
kohteena olevia työntekijöitä. Ellei työntekijöillä ole
edustajaa, muutosneuvottelut käydään neuvottelujen
kohteena olevien työntekijöiden kanssa. Jos työnantajan
harkitsema toimenpide koskee yksittäistä työntekijää tai
yksittäisiä työntekijöitä, neuvottelut voidaan käydä
työnantajan ja asianomaisen työntekijän tai
työntekijöiden välillä.

Työnantajan on ennen muutosneuvotteluja annettava
kirjallinen neuvotteluesitys. Tärkeätä on, että esityksestä
käyvät ilmi suunnitellut toimenpiteet ja niiden
perustelut, alustava arvio toimenpiteiden kohteena
olevien työntekijöiden määristä henkilöstöryhmittäin ja
selvitys periaatteista, joiden mukaan toimenpiteen

kohteiksi joutuvat työntekijät määräytyvät sekä arvio ajasta, joiden kuluessa toimenpiteet pannaan toimeen.

Muutosneuvotteluissa on käsiteltävä ainakin henkilöstöön kohdistuvien toimenpiteiden perusteita, vaikutuksia ja vaihtoehtoja. Milloin neuvottelut koskevat yhden tai useamman työntekijän irtisanomista, lomauttamista, osa-aikaistamista tai työsopimuksen olennaisen ehdon yksipuoleista muuttamista, neuvotteluissa on käsiteltävä:

> Vaihtoehtoja toimenpiteen kohteena olevan henkilöpiirin rajoittamiseksi sekä toimenpiteestä työntekijöille aiheutuvien kielteisten seurausten lieventämiseksi

> Henkilöstön edustajan tai työntekijän tekemiä ehdotuksia ja vaihtoehtoisia ratkaisuja.

Lakiin on kirjattu, että muutosneuvottelut on käytävä yhteistoiminnan hengessä yksimielisyyden saavuttamiseksi. Osapuolten on toimittava rakentavasti sekä pyrittävä myötävaikuttamaan neuvotteluiden etenemisessä.

Henkilöstön hallintoedustus on yksi uuden lain keskeisitä asioista. Lain 29 §:ssä asia ilmaistaan näin: "Työnantajan toiminnan kehittämiseksi, työnantajan ja henkilöstön yhteistoiminnan tehostamiseksi sekä henkilöstön vaikutusmahdollisuuksien lisäämiseksi henkilöstöllä on oikeus osallistua työnantajan liiketoimintaa, taloutta ja henkilöstön asemaa koskevien tärkeiden kysymysten käsittelyyn työnantajan päätettävissä, toimeenpanevissa, valvovissa tai neuvoa-antavissa hallintoelimissä (henkilöstön hallintoedustus) tämän luvun mukaisesti."

Henkilöstön hallintoedustuksesta on ensisijaisesti sovittava työnantajan ja henkilöstön välillä. Ellei tämä onnistu, henkilöstön hallintoedustus toteutetaan henkilöstön vaatimuksesta lain 31 §:n mukaisesti. Tällöin henkilöstöllä on oikeus nimetä edustajansa ja heille henkilökohtaiset varaedustajat työnantajan valinnan mukaan hallintoneuvostoon, hallitukseen tai sellaisiin johtoryhmiin taikka niitä vastaaviin toimielimiin, jotka yhdessä kattavat työnantajan liiketoiminnan yksiköt. Henkilöstön hallintoedustus tulee toteuttaa toimielimessä, jossa käsitellään tärkeitä liiketoimintaa, taloutta ja henkilöstön asemaa koskevia kysymyksiä. Yhteistoimintalain mukaan henkilöstön edustajilla ja yrityksen valitsemilla asianomaisen toimielimen jäsenillä on samat oikeudet, velvollisuudet ja vastuut.

Vertailuna kunta-alaan totean, että työskennellessäni sairaanhoitopiirin kuntayhtymässä jo vuosia sitten henkilöstön edustus ulottui kaikkien organisaatiotasojen johtoryhmiin.

Laki työnantajan ja henkilöstön välisestä yhteistoiminnasta kunnassa ja hyvinvointialueella

Hyvinvointialueet aloittivat toimintansa vuoden 2023 alussa. Työnantajan ja henkilöstön yhteistoiminnan järjestäminen hyvinvointialueilla vaati vuodelta 2007 olevan kunta-alaa koskeva yhteistoimintalain tarkistamista. Pykälätarkistusten lisäksi laki sai uuden otsikon. Laki työnantajan ja henkilöstön välisestä yhteistoiminnasta kunnassa ja hyvinvointialueella (631/2021) hyväksyttiin 29.6.2021 ja se tuli voimaan 1.7.2021.

Seuraavassa uuden lain keskeisiä kohtia.

Lain tarkoitus

Tämän lain tarkoituksena on edistää työnantajan ja henkilöstön välistä yhteistoimintaa kunnassa ja hyvinvointialueella. Yhteistoiminnan tavoitteena on antaa henkilöstölle mahdollisuus yhteisymmärryksessä työnantajan kanssa osallistua kunnan ja hyvinvointialueella toiminnan kehittämiseen ja antaa henkilöstölle mahdollisuus vaikuttaa omaa työtään ja työyhteisöään koskevien päätösten valmisteluun sekä samalla edistää kunnan ja hyvinvointialueen palvelutuotannon tuloksellisuutta ja henkilöstön työelämän laatua.

Soveltamisala

Tätä lakia sovelletaan työnantajan ja henkilöstön väliseen yhteistoimintaan kunnassa, kuntayhtymässä, hyvinvointialueella ja hyvinvointiyhtymässä. Mitä tässä laissa säädetään kunnasta, sovelletaan myös kuntayhtymään, ja mitä tässä laissa säädetään hyvinvointialueesta, sovelletaan myös hyvinvointiyhtymään. Tässä laissa työntekijällä tarkoitetaan kuntaan tai hyvinvointialueeseen virka- tai työsuhteessa olevaa.

Yhteistoiminnan osapuolet

Tässä laissa tarkoitetun yhteistoiminnan osapuolia ovat kunta tai hyvinvointialue työnantajana ja sen palveluksessa oleva henkilöstö. Yhteistoiminnassa ovat osallisina työntekijä, jota yhteistoimintamenettelyssä käsiteltävä asia koskee, ja hänen esimiehensä taikka henkilöstöryhmän tai sen osan edustaja tai asianomaisten henkilöstöryhmien edustajat sekä työnantajan edustaja. Liikkeen luovutuksen yhteydessä yhteistoiminnan osapuolena voi olla myös luovutuksensaaja.

Yhteistoiminnassa käsiteltävät asiat

Työnantajan ja henkilöstön välisessä yhteistoiminnassa käsitellään ainakin sellaiset asiat, jotka koskevat:

1) henkilöstön asemaan merkittävästi vaikuttavia muutoksia työn organisoinnissa, kunnan tai hyvinvointialueen palvelurakenteessa, kuntajaossa tai kuntien tai hyvinvointialueiden tai näiden välisessä yhteistyössä;

2) palvelujen uudelleen järjestämisen periaatteita, jos asialla voi olla ulkopuolisen työvoiman käytöstä tai liikkeen luovutuksesta johtuvia tai muita olennaisia henkilöstövaikutuksia;

3) henkilöstöön, henkilöstön kehittämiseen ja tasa-arvoiseen kohteluun sekä työyhteisön sisäiseen tietojenvaihtoon liittyviä periaatteita ja suunnitelmia;

4) taloudellisista tai tuotannollisista syistä toimeenpantavaa osa-aikaistamista, lomauttamista tai irtisanomista.

Jos kunnan tai hyvinvointialueen talousarvio-ehdotuksessa edellytetään sellaisia toimenpiteitä, joiden toteuttaminen todennäköisesti aiheuttaisi useita irtisanomisia, osa-aikaistamisia, lomautuksia taikka merkittäviä heikennyksiä palvelussuhteiden ehdoissa, toimenpiteitä on käsiteltävä yhteistoiminta-menettelyssä ennen kuin kunnanhallitus tai aluehallitus tekee kunnan- tai aluevaltuustolle lopullisen talousarvioehdotuksen.

Henkilöstö- ja koulutussuunnitelma

Kunnassa ja hyvinvointialueella on laadittava yhteistoimintamenettelyssä vuosittain henkilöstö- ja koulutussuunnitelma. Henkilöstö- ja koulutussuunnitelmasta tulee käydä ilmi kunnan tai hyvinvointialueen koko huomioon ottaen ainakin:

1) toteutuneiden määräaikaisten työ- ja virkasuhteiden määrä sekä arvio näiden kehittymisestä;

2) periaatteet erilaisten työsuhdemuotojen käytöstä;

3) yleiset periaatteet, joilla pyritään ylläpitämään työkyvyttömyysuhan alaisten ja ikääntyneiden työntekijöiden työkykyä sekä työttömyysuhan alaisten työntekijöiden työmarkkinakelpoisuutta;

4) arvio koko henkilöstön ammatillisesta osaamisesta sekä ammatillisen osaamisen vaatimuksissa tapahtuvista muutoksista ja näiden syistä sekä tähän arvioon perustuva vuosittainen suunnitelma henkilöstöryhmittäin tai muutoin tarkoituksen-mukaisella tavalla ryhmiteltynä;

5) 1–4 kohdassa tarkoitettujen arvioiden, periaatteiden ja suunnitelmien toteuttaminen ja niitä koskevat seurantamenettelyt.

Henkilöstö- ja koulutussuunnitelmaan tulee lisäksi sisällyttää periaatteet, joiden mukaan työnantaja hankkii henkilöstölleen työsopimuslain 7 luvun 13 §:n ja kunnan ja hyvinvointialueen viranhaltijasta annetun lain 37 b §:n mukaista työllistymistä edistävää valmennusta ja koulutusta. Henkilöstö- ja koulutussuunnitelmassa tulee kiinnittää huomiota:

1) osatyökykyisten työllistämisen periaatteisiin; sekä

2) joustaviin työaikajärjestelyihin.

Tietojen antaminen
Kunnan ja hyvinvointialueen tulee kerran vuodessa antaa henkilöstölle tiedot kunnan tai hyvinvointialueen työllisyystilanteesta, toiminnan ja talouden tilasta sekä niiden todennäköisestä kehityksestä. Kunnan ja hyvinvointialueen on annettava neljännesvuosittain henkilöstön edustajille heidän pyynnöstään kunnan tai hyvinvointialueen työvoimatilannetta kuvaava selvitys kunnan tai hyvinvointialueen määräaikaisissa ja osa-aikaisissa työsuhteissa olevien työntekijöiden määrästä.

Kunnan ja hyvinvointialueen on vuosittain esitettävä henkilöstöryhmien edustajille heidän pyynnöstään selvitys kunnassa tai hyvinvointialueella sovellettavista periaatteista tilaajan selvitysvelvollisuudesta ja vastuusta ulkopuolista työvoimaa käytettäessä annetun lain (1233/2006) 2 §:n 1 momentin 2 kohdassa tarkoitettuun alihankintasopimukseen perustuvan työvoiman käyttämisestä. Selvityksestä tulee käydä ilmi työkohteet, työtehtävät sekä ajanjaksot, joina mainittua työvoimaa käytetään.

Vuokratyövoiman käyttö

Henkilöstön edustaja ei kuitenkaan voi vaatia 3 momentissa tarkoitettua yhteistoimintamenettelyä, jos tarkoituksena on teettää vuokrattavilla työntekijöillä työtä, jota kunnan tai hyvinvointialueen henkilöstö ei vakiintuneen käytännön mukaan suorita, tai jos kysymyksessä on sellainen lyhytaikainen ja kiireellinen työ taikka asennus-, korjaus- tai huoltotyö, jonka teettäminen ei ole mahdollista kunnan tai hyvinvointialueen omalla henkilöstöllä.

Yhteistoimintaelin

Kunnassa ja hyvinvointialueella on yhteistoimintaelin, joka koostuu työnantajan ja henkilöstön edustajista. Työnantaja ja henkilöstöä edustavat 19 §:ssä tarkoitetut yhdistykset tai niiden rekisteröidyt paikalliset alayhdistykset nimeävät edustajansa yhteistoimintaelimeen, jonka toimikausi on neljä vuotta. Yhteistoimintaelimen toimintaan osallistuu myös 3 §:n 3 momentissa tarkoitettu yhteistoimintaedustaja.

Kunnat, hyvinvointialueet ja 1 momentissa tarkoitetut yhdistykset voivat tarvittaessa sopia useamman kunnan tai hyvinvointialueen yhteisestä yhteistoimintaelimestä.

Yhteistoimintaneuvottelujen suhde työ- ja virkaehtosopimusten neuvottelumääräyksiin

Jos tässä laissa tarkoitetuissa yhteistoiminta-neuvotteluissa käsiteltävä asia tulisi käsitellä myös työnantajaa työehtosopimuslain (436/1946) nojalla sitovan työehtosopimuksen tai kunnan ja hyvinvointialueen virkaehtosopimuksista annetun lain (669/1970) nojalla sitovan virkaehtosopimuksen mukaisesti, yhteistoimintaneuvotteluja ei aloiteta tai ne on keskeytettävä, jos työnantaja tai sopimukseen sidottuja työntekijöitä tai viranhaltijoita edustava luottamusmies vaatii asian käsittelyä työ- tai virkaehtosopimuksen mukaisessa neuvottelu-järjestyksessä

Laki työnantajan ja henkilöstön välisestä yhteis-toiminnasta kunnassa ja hyvinvointialueella tuli voimaan 1.7.2021, mutta tietojen antamista koskevaa, lain 6 §:n 2 ja 3 momenttia, sovelletaan hyvinvointialueeseen vasta 1.1.2024 lukien.

Työsuojelun yhteistoimintaa koskeva työ- ja virkaehtosopimus

Työmarkkinaosapuolet, Kunta- ja hyvinvointialuetyönantajat KT, Julkisen alan unioni JAU ry, Julkisalan koulutettujen neuvottelujärjestö Juko ry ja Sosiaali- ja terveysalan neuvottelujärjestö Sote ry, solmivat 27.10.2022 kunta- ja hyvinvointialan työsuojelun yhteistoimintaa koskevan työ- ja virkaehtosopimuksen. Sopimus on työsuojelun valvontalaissa tarkoitettu työsuojelun yhteistoimintasopimus ja se koskee kaikkia kuntia, kuntayhtymiä, hyvinvointialueita, hyvinvointiyhtymiä sekä valvontalaissa tarkoitetulla tavalla työpaikaksi määriteltävää muuta kokonaisuutta sekä niiden palveluksessa olevia viranhaltijoita ja työntekijöitä.

Työsuojelun yhteistoiminnan tarkoitus ilmaistaan sopimuksen 2 §:ssä seuraavasti:

"Työsuojelu on osa henkilöstövoimavarojen strategista johtamista. Se on ennakoivaa ja tulevaan suuntaavaa. Sen tarkoituksena on kehittää työn ja työympäristön terveellisyyttä ja turvallisuutta, edistää kestävää kehitystä ja tuloksellisuutta tuottavaa työelämää ja henkilöstön kokemaa työhyvinvointia suunnitelmallisten henkilöstöstrategisten, turvallisuus- ja terveys- painotteisten johtamis- ja toimintatapojen avulla. Työsuojelun yhteistoiminta on työnantajan ja henkilöstön vuorovaikutteista yhteistoimintaa, jonka tarkoituksena on mahdollistaa työntekijöiden osallistu- minen ja vaikuttaminen työpaikan terveellisyyttä ja turvallisuutta koskevien asioiden käsittelyyn."

Työnantajan ja työntekijöiden kesken välittömässä tai edustuksellisessa yhteistoiminnassa käsiteltävistä asioista säädetään valvontalain 26 §:ssä.

Yhteistoiminnassa käsiteltäviä asioita on sopimuksessa listattu seuraavia:

> Työntekijän turvallisuuteen ja terveyteen välittömästi vaikuttavat asiat ja niitä koskevat muutokset

> Periaatteet ja tapa, joiden mukaan työpaikan vaarat ja haitat selvitetään sekä edellä tarkoitetussa selvityksessä ja työterveyshuollon tekemässä työpaikkaselvityksessä esille tulleet työntekijöiden turvallisuuteen ja terveyteen yleisesti vaikuttavat seikat

Työkykyä ylläpitävään toimintaan liittyvät,
työssä jatkamista tukevat ja muut
työntekijöiden turvallisuuteen ja
terveyteen vaikuttavat
kehittämistavoitteet ja –
ohjelmat

Työntekijöiden turvallisuuteen, terveyteen
ja työkykyyn vaikuttavat työn järjestelyyn
ja mitoitukseen sekä niiden olennaisiin
muutoksiin liittyvät asiat

Työsuojeluviranomaisen valvontaan
kuuluvassa laissa tarkoitetun työtekijöille
annettavan opetuksen, ohjauksen ja
perehdyttämisen tarve ja
järjestelyt

Työhön, työympäristöön ja työyhteisön
tilaan liittyvät, työn turvallisuutta ja
terveellisyyttä kuvaavat tilasto- ja muut
seurantatiedot

Edellä 1–6 kohdassa tarkoitettujen
asioiden toteutumisen ja vaikutusten
seuranta.

Edellisten lisäksi työn vaarojen arvioinnin perusteella tai
muutoin   paikallisesti   tarpeelliseksi   havaittuja

yhteistoiminnassa käsiteltäviä asioita voivat olla esimerkiksi:

Työhyvinvoinnin edistäminen

Henkilöstön ikääntymisen vaikutukset

Työsuojelua koskevan tiedotuksen ja ensiavun järjestäminen

Päihdeongelmien ennaltaehkäisyä ja päihteiden väärinkäyttöä koskevat menettelytavat ja hoitoonohjauksen mallit

Varhaisen tuen ja puuttumisen ja kuntoutukseen ohjaamisen menettelyt.

Työsuojelun yhteistoiminta-asioita käsitellään välittömänä yhteistoimintana työnantajan tai tämän edustajana toimivan esihenkilön ja työntekijän kesken.

Laajakantoiset ja työpaikkaa yleisesti koskevat työsuojelun yhteistoiminta-asiat käsitellään edustuksellisena yhteistoimintana työsuojelutoimikunnassa tai muussa vastaavassa yhteistoimintaelimessä.

Työsuojelun yhteistoimintaorganisaation muodostavat työnantajaa edustava työsuojelupäällikkö sekä henkilöstöä edustavat työsuojeluvaltuutetut ja varavaltuutetut sekä työsuojelutoimikunta tai muu vastaava edustuksellinen yhteistoimintaelin. Työsuojeluvaltuutetut ovat aina työsuojelutoimikunnan jäseniä.

Toimihenkilöasemassa olevilla on oikeus valita heitä edustava työsuojeluvaltuutettu ja varavaltuutetut. Toimihenkilöasemassa olevilla tarkoitetaan sopimuksen mukaan henkilöstöä, joiden pääasiallisena tehtävänä on johtaa ja valvoa alaisten työtä, ja jotka eivät ota tai vain tilapäisesti ottavat osaa alaistensa työhön. Muu henkilöstö on työntekijäasemassa.

Suurissa työnantajayksiköissä voi olla kaksi tai kolmetasoisia yhteistoimintaelimiä tai kokonaisuuksia hallintokunta-, palvelualue- tai toimialakohtaisesti, taikka virastoa, laitosta tai muuta tarkoituksen mukaista, esimerkiksi seudullista tai alueellista, kokonaisuutta varten.

Paikallisen sopimuksen perusteella voidaan valita lisäksi työskentelypaikka- tai yksikkökohtaisia työsuojeluyhdyshenkilöitä, jotka aiemmin tunnettiin nimikkeellä työsuojeluasiamies.

Työsuojelupäällikkö edustaa työsuojelun yhteistoiminnassa työnantajaa. Sopimuksessa todetaan, että "työsuojelupäällikön tulee olla työpaikan työn luonne sekä työpaikan laajuus huomioon ottaen riittävän pätevä ja hänellä on oltava riittävän hyvä perehtyneisyys työsuojelusäännöksiin ja työpaikan olosuhteisiin sekä muutoinkin asianmukaiset edellytykset valvontalain 26 §:ssä tarkoitettujen asioiden käsittelyyn ja yhteistoiminnan järjestämiseen".

Työsuojelupäällikön erityisenä tehtävänä on sopimuksen mukaan työnantajan ja esihenkilöiden avustaminen ja tukeminen niissä tehtävissä, jotka liittyvät työsuojelun asiantuntemuksen hankintaan ja yhteistyöhön työntekijöiden ja työsuojeluviranomaisten kanssa. Kokemuksesta voin todeta, että työsuojelupäällikön tehtävä, ainakin suurissa organisaatioissa, on todella vaativa. Ongelmia riittää sisäilma-asioista aina epäasiallisiin kohteluihin ja niiden selvittelyihin.

Työsuojelupäällikön tulee siis olla moniosaaja ja rakentava persoona. Vaikka työsuojelun yhteistoimintahenkilöillä, työsuojelupäälliköllä ja työsuojeluvaltuutetuilla, onkin yhtenevä tavoite, keinoista ja korjausten nopeudesta syntyy helposti erimielisyyttä. Tavoitteena siis terveellinen ja turvallinen työpaikka, mutta esimerkiksi vaikeiden sisäilma-ongelmien ratkaisuun ei aina ole henkilöstön edustajien haluamia nopeita ratkaisuja, jos pitää rakentaa uusia tiloja.

Kunta- ja hyvinvointialan työsuojelun yhteistoimintaa koskevassa työ- ja virkaehtosopimuksessa viitataan usein työsuojeluyhteistoiminnasta annettuun lakiin (44/2006), josta käytetään lyhyttä ilmaisua valvontalaki.

Työsuojeluvaltuutettu edustaa työpaikan työsuojelun yhteistoiminnassa henkilöstöä, kun käsitellään valvontalaissa ja tässä sopimuksessa tarkoitettuja asioita yhteistoiminnassa työnantajan kanssa ja suhteessa työsuojeluviranomaisiin. Työsuojelu-valtuutetun tehtävät on määritelty edellä mainitussa valvontalaissa.

Työsuojeluvaltuutetun tulee lisäksi oma-aloitteisesti perehtyä työpaikan työympäristöön ja työyhteisön tilaan liittyviin työntekijöiden turvallisuuteen ja terveyteen vaikuttaviin asioihin sekä työsuojelu-säännöksiin. Työsuojeluvaltuutetun tulee osallistua työsuojelutarkastuksiin ja asiantuntijan tutkimuksiin, jos osallistuminen katsotaan valvovan viranomaisen tai asiantuntijan taholta tarpeelliseksi. Käytännössä työsuojelutarkastuksissa ovat mukana sekä työsuojelupäällikkö että työsuojeluvaltuutettu. Työsuojeluvaltuutetun edellytetään myös osaltaan kiinnittää edustamiensa työntekijöiden huomiota työn turvallisuutta ja terveellisyyttä edistäviin asioihin.

Työsuojeluvaltuutetulla on laaja tiedonsaantioikeus koskien asiakirjoja ja luetteloita, joita työnantajan on pidettävä työsuojelua koskevien säännösten mukaan. Työsuojeluvaltuutetulla on oikeus tutustua työnantajan hallussa oleviin asiakirjoihin, jotka koskevat työympäristön ja työyhteisön työn turvallisuutta ja

111

terveellisyyttä. Lisäksi työsuojeluvaltuutetulla on oikeus saada työnantajalta nähtäväkseen työterveyshuollon järjestämistä koskeva sopimus tai työnantajan laatima kuvaus itse järjestämästään työterveyshuollosta sekä työterveyshuollon toimintasuunnitelma.

Kokemuksesta totean, että paitsi koulutuksella hankittua hyvää osaamista työsuojeluvaltuutetun työssä on suuri merkitys henkilön persoonalla ja kyvyllä toimia rakentavasti. Työsuojelussa vastaan tulevat ongelmat ovat usein vaikeita ja niiden onnistuneisiin ratkaisuihin päästään parhaiten rakentavalla yhteistyöllä. Olen työssäni nähnyt erittäin hyviä työsuojeluvaltuutettuja, jotka todella toimivat rakentavasti. Olen nähnyt myös, valitettavasti, sellaisia henkilöitä, jotka tukeutuvat oman ammattijärjestönsä päämajan määräyksiin ja ohjeisiin päämääränä "työnantajan voittaminen".

Työsuojelutoimikunta tai muu vastaava on työsuojelun edustuksellinen yhteistoimintaelin. Sitä koskevat säännökset löytyvät työsuojelun valvontalain 38 –41 §:stä. Sopimuksen mukaan työnantaja nimeää työsuojelutoimikuntaan sellaisen edustajansa, jonka tehtäviin toimikunnassa käsiteltävien asioiden valmistelu kuuluu. Mikäli työsuojelupäällikkö ei ole työsuojelutoimikunnan jäsen, hänellä on kuitenkin oikeus osallistua kokouksiin. Työsuojeluvaltuutetut ovat aina työsuojelutoimikunnan jäseniä.

Työsuojelutoimikunnan jäsenellä on oikeus tehdä esityksiä työsuojelutoimikunnassa käsiteltäviksi asioiksi ja yhteistoiminnan kehittämiseksi. Esitykset tulee myös käsitellä ja jäsenellä on oikeus saada esityksistään perusteltu palaute.

Työsuojelutoimikunta kokoontuu niin usein kuin sille valvontalaissa tai tässä sopimuksessa asetetut tehtävät edellyttävät. Paikallisesti sovitaan menettelytavoista, kuten kokousten vähimmäismäärästä, koolle kutsumisesta ja yhteistyöstä muiden toimijoiden kanssa.

Työsuojeluyhdyshenkilö tunnettiin aikaisemmin nimellä työsuojeluasiamies. Hänen tehtävänsä liittyvät lähinnä välittömään työsuojelun yhteistoimintaan lähityöyhteisössä tai esimerkiksi jonkin ammattikunnan piirissä. Työsuojeluyhdyshenkilön tehtävänä on välittää tietoja, kun selvitetään työn vaaroja ja haittoja ja tehdään niistä aiheutuvia toimenpiteitä. Hänen oikeutensa ja tehtävänsä määritellään tarkemmin paikallisessa sopimuksessa. Työsuojeluyhdyshenkilön tehtävissä on tärkeätä yhteydenpito alueensa työsuojeluvaltuutettuun. Käytännössä työsuojelun yhdyshenkilön tehtävät on voitu yhdistää esimerkiksi luottamusmiesten toimintaan, jolloin siis käytetään hyväksi työorganisaatiossa olemassa olevaa järjestelmää ja jolloin asiat voidaan ohjata paremmin oikealla taholle ratkaistaviksi.

Lopuksi

Olen tässä kirjassa luonut katsauksen työnantajan ja henkilöstön yhteistoiminnan kehitykseen viime vuosisadan puolelta nykypäivään. Lainsäädäntö ja sopimukset ovat tänä aikana tarkentuneet ja niiden avulla on luotu työnantajan ja henkilöstön yhteistoiminnalle hyvät edellytykset sekä yritysmaailmassa että julkisyhteisöissä. Yhteistoiminnan ydin on työnantajan ja henkilöstön voimavarojen yhdistäminen yhteisen päämäärän saavuttamiseksi. Tämä edellyttää sitä, että osapuolet ottavat yhteistoiminnan tosissaan, perehtyvät riittävästi asiaa koskeviin lakeihin ja sopimuksiin, ottavat yhteistoiminnallisen työotteen, kehittävät omaan työorganisaatioonsa soveltuvan parhaan mahdollisen toimintatavan, toimivat avoimesti ja rehellisesti sekä luottavat toisiinsa. Hyvän yhteistoiminnan avulla johtajat ja esihenkilöt saavat päätöksenteon tueksi kaiken olennaisen tiedon myös henkilöstöltä ja henkilöstö pääsee vaikuttamaan omaan työhönsä ja omaan työyhteisöönsä.

Hyvinvointialueet ovat aloittaneet toimintansa vuoden 2023 alusta lukien ja myös yhteistoimintamenettely on siellä organisoitu eri organisaatiotasoilla. Tein aikanaan lisensiaatintyöhöni kuuluvan tutkimuksen sairaanhoitopiirissä (Suonsivu 2018), jolloin muun muassa selvitin yhteistoimintamenettelyä edistäviä ja haittaavia tekijöitä sairaanhoitopiirin toimialueilla. Seuraavassa kappaleessa tiivistelmä näistä tekijöistä.

Yhteistoimintamenettelyä edistäviä tekijöitä:

Pyritään yhteiseen päämäärään

Yhteiseen päämäärään pyrittäessä on tärkeätä, että tunnetaan yhteistoimintamenettelyn tarkoitus ja mahdollisuudet, vältetään vastakkainasettelua, vuoropuhelu on avointa ja osapuolet luottavat toisiinsa. Tavoitteista ja pelisäännöistä on sovittu työnantajan ja henkilöstön edustajien kesken yhdessä ja toimitaan niin kuin on sovittu. Henkilöstön edustajat näkivät merkittävänä toimialueen johtajan asenteen ja halun aidosti kuunnella henkilöstöä ja tehdä yhteistyötä. Toiminnan pitää olla rehellistä ja läpinäkyvää.

Toiminta on tuloksellista

Yhteistoiminnan tulee olla tavoitteita ja tulosta tukevaa. Tiedot taloudesta ja tulokseen vaikuttavista päätöksistä ovat tärkeitä. Henkilöstön edustajat toivat esille johdon

115

ja esimiesten hyvän esimerkin ja johtamistaidot pyrittäessä toimimaan toimialueella tuloksellisesti. Rohkeitakin ratkaisuja tulisi tehdä. Työnantajan edustajien tulisi olla hyvin tavoitettavissa. Toimialueen sisäisten vastuualueiden yhteiset tapaamiset ja yhteisymmärrys prosessien kesken edistävät yhteistoimintaa ja sen tuloksellisuutta.

Aidot vaikutusmahdollisuudet

Henkilöstön aito kuuleminen ja näkemysten huomioiminen ennen päätöksentekoa antaa aidon mahdollisuuden vaikuttaa. Tämä edellyttää, että asiat käsitellään yhteistoimintamenettelyssä riittävän ajoissa. Hyvä menettelytapa on esimerkiksi sellainen, jossa asia annetaan yhteistyöryhmälle pohdittavaksi ja kommentoitavaksi hyvissä ajoin. Yhteistyöryhmien kokouksissa tulee olla aikaa keskustelulle. Keskustelun pitää olla rakentavaa ja erilaiset mielipiteet sallivaa. Myös hyvät yhteydet sairaanhoitopiiritason edustukselliseen yhteistoimintaelimeen, yhteistyö-toimikuntaan, edistävät aitoa vaikuttamista toimialueella.

Toiminta on osallistavaa

Yhteistoimintamenettelyä edistää, jos toiminta on osallistavaa. Tämä edellyttää, että kokouksia pidetään riittävästi ja säännöllisesti, kokouksiin pääsee osallistumaan, kokoukset ovat avoimia ja osallistumaan kannustavia, osallistujat omaavat hyvät vuorovaikutus- ja yhteistyötaidot ja arvostavat muita keskustelijoita. Myös hyvä valmistautuminen edistää osallistumista. Työnantajan on huolehdittava osallistumisen edellytyksistä.

Viestintä on avointa ja tehokasta

Tiedottamisen tulee olla riittävää, viestinnän avointa ja oikea-aikaista. Asiat tulee valmistella hyvin. Tiedon pitää kulkea hyvin työnantajalta henkilöstölle ja päinvastoin. Yhteiset säännölliset tiedotus- ja keskustelutilaisuudet edistävät yhteistoimintaa.

Työyhteisö voi hyvin

Työhyvinvointiin vaikuttaa todella monta tekijää. Vastaajien mukaan toimialueilla sitä edistää se, että toiminta koetaan oikeudenmukaiseksi, ilmapiiri on avoin ja salliva, asioita ei henkilöidä, epäkohtiin puututaan ja niille tehdään jotain ja ammattiryhmien välinen vuorovaikutus toimii. Kun työyhteisö voi hyvin, se edistää yhteistoimintamenettelyä.

Yhteistoimintamenettelyä haittaavia tekijöitä.

Yhteinen päämäärä ja tavoitteet

Yhteistoimintaa haittaavat tekijät toimialuetasolla ovat pitkälti käänteisiä edistävistä tekijöistä. Yhteisiin tavoitteisiin pääsemistä haittaavat muun muassa seuraavat tekijät: toimialueen rakenne on heterogeeninen, ei tunneta toisten vastuualueiden tavoitteita ja toimintaa, kilpailuasenne, ei ole selkeitä toimintamalleja, ohjeita ei noudateta, hierarkkinen henkilöstörakenne, vastakkainasettelu, ei sitouduta päätöksiin ja halu yhteiseen hiileen puhaltamiseen puuttuu.

Toiminnan tuloksellisuus

Tuloksellisuutta haittaavia tekijöitä toimialueella ovat esimerkiksi seuraavat: johtaminen on puutteellista, ei nähdä toimialuetason kokonaisuuksia, tehdään asiantuntemattomia päätöksiä, kyvyttömyys tehdä rohkeita ja vaikeita päätöksiä, erimielisyydet, ihmisten passiivisuus ja vastuunottamisen puute, kyvyttömyys ja osaamattomuus, teoria ja käytäntö eivät kohtaa.

Vaikutusmahdollisuudet

Yhteistoimintaa haittaa ja vaikutusmahdollisuuksia toimialueella heikentävät muun muassa: ajan puute, asioiden määrä, hierarkkisuus päätöksenteossa, asioista päätetään ennen yhteistoimintamenettelyä, taloutta koskevat päätökset "tulevat annettuina", vuorotyö vaikeuttaa osallistumista, työntekijäjärjestöjen erimielisyydet sekä lyhyet työsuhteet.

Osallistava toiminta

Yhteistoimintaa haittaavia puutteita osallistavassa toiminnassa toimialueella oli vastaajien mukaan muun muassa seuraavat: puutteelliset kokousvalmistelut ja aikataulut, läsnäolijoiden vaihtuminen, asioiden käsittely monessa portaassa, fyysiset etäisyydet, jatkuva kiire, vuorotyö, haluttomuus osallistua toimintaan ja puutteellinen tietämys yhteistoiminnasta.

Viestintä

Esimerkkejä yhteistoimintaa haittaavista tekijöistä toimialueiden viestinnässä: tiedon puute, riittämätön tiedon saanti, valmisteltavien asioiden salailu, myöhässä tiedottaminen (päätökset jo tehty), väärinymmärrykset, monta toimijaa suullisessa viestinnässä, tiedon muuttuminen ja pirstaleisuus.

Työyhteisön hyvinvointi

Yhteistoimintaa haittaavia puutteita työyhteisöjen hyvinvoinnissa toimialueilla ilmaistiin muun muassa seuraavia: välinpitämättömyys, syyllistäminen, väheksyntä, kateus, varpaille astumisen pelko, ennakkoasenteet, keskustelu tunteilla ja huono käytös.

Toivon, että nämä edellä esitetyt yhteistoiminta-menettelyä edistävät ja haittaavat tekijät auttavat osaltaan eri yhteistoimintaelimissä toimivia rakentamaan osaltaan hyvää yhteistoimintaa vahvistamalla edistäviä tekijöitä ja vähentämällä tai poistamalla yhteistoimintaa haittaavia tekijöitä.

Lähteet ja kirjallisuus

Antila, J., Ylöstalo, P. (2002) Proaktiivinen toimintatapa. Työpoliittinen tutkimus. Työministeriö. Helsinki.

Ashcraft, K.L. (2005) Resistance Through Consert? Occupational Identity, Organizational Form, and Maintenance of Maskulinity Among Commercial Airline Pilots. Management Communication Quarterly 19 (1).

Eklund, K. & Suikkanen, A. (1984) Työsuojelutoiminta työpaikoilla. Tutkimus työsuojelu-uudistusten merkityksestä ja vaikutuksista työsuojelun sisältöön ja toteutustapoihin. Joensuun yliopisto. Yhteiskuntatieteiden tiedekunta. Yhteiskuntapolitiikan ja sosiologian tutkimuksia 1:1984. Joensuu.

Follet, M.P. (1971) The giving orders. Teoksessa D.Pugh (ed): Organization theory. Harmonddworth. Penguin. 147-195 (alkuperäinen 1941)..

Hallituksen esitys laiksi työnantajan ja henkilöstön välisestä yhteistoiminnasta kunnissa. (2006) HE 267/2006. Valtiopäivät.

Harisalo, R., Stenvall, J. (2004) Trust as Capital. The Foundation of Management. Teoksessa Huotari, M., Iivonen, M. (toim.) Trust in Knowledge Management and Systems in Organizations. Idea Group Publishing. Hershey.

Harisalo, R. (2010) Organisaatioteoriat. 3.painos. Tampereen yliopistopaino. Tampere.

Harisalo, R. (2020) Päätöksenteon rationaalisuus – realistinen vai epärealistinen tavoite? Hallintoakatemia.

Hietala, H. & Kaivanto, P. (2012) Yhteistoimintalaki käytännössä. Talentum. Helsinki.

Hollway,W. (1993) Work Psychology and Organizational Behavior: Managing the Individual at Work. Sage Publications: Londonn. Newbury Park, New Delhi.

Kahma, I., Lumijärvi, I. (1976) Virastodemokratian edellytykset valtionhallinnossa. Valtion virasto-demokratianeuvottelukunta. Tutkimuksia ja selvityksiä. Nro 1. Helsinki.

Kairinen, M. (1992) Osallistumisjärjestelmä - työelämän suhteiden kiintoisa kehitysvaihe. Työelämän tutkimus. Vol 3. 2/1992a.

Kunnallinen työmarkkinalaitos (1993) Uuteen yhteistoimintaan.

Kunnallinen työmarkkinalaitos (1993) Yhteistoiminta-menettelyä koskeva yleissopimus. Helsinki.

Kunnallinen työmarkkinalaitos (2002) Yleissopimus yhteistoimintamenettelystä soveltamisohjeineen. Helsinki.

Kunnallinen työmarkkinalaitos (2002) Kunnallisen alan työsuojelu- ja työympäristösopimus. Helsinki

Kunnallinen työmarkkinalaitos (2005) Yhteistoiminta ja työelämän kehittäminen kunta-alalla. Sopimuksia ja suosituksia yhteistoiminnasta, tuloksellisuudesta, henkilöstöjohtamisesta ja työhyvinvoinnista. Helsinki.

Kunnallinen työmarkkinalaitos (2007) Ohjeet työnantajan ja henkilöstön välisestä yhteistoiminnasta kunnissa. Helsinki.

Kunnallinen työmarkkinalaitos (2022) Kunta- ja hyvinvointialan työsuojelun yhteistoimintaa koskeva virka- ja työehtosopimus.

Lines, R. (2004) Influence of participation in strategic change: resistance , organizational, commitment and chance goal achievement . Journal of Chance Management 4.

Martikainen, R., Järviniemi, P. (1989) Yhteistoiminta-lakia kymmenen vuotta. Työelämän suhteiden neuvottelukunta 3/1989. Helsinki.

Nakari, R. (1994) Muutokset työelämänlaadussa. Teoksessa Uudistumisen voimavarat. Tampere.

Ojakoski, M. (1999) Milläs selität kun toinen ei kuuntele. Yhteistoimintalain toimivuus elintarviketeollisuuden työpaikoilla työelämän laatukysymyksenä. Acta Universitatis Tamperensis 717. Tampere.

Pesonen, I. (1994) Henkilöstöhallinnosta henkilöstön strategiseen kehittämiseen. Teoksessa Uudistumisen voimavarat. Tampere.

Rajakaltio, H. (1994) Kulttuurimuutos kehittämistyössä. Teoksessa Uudistumisen voimavarat. Tampere.

Saari, J., Perttula, P. (2004) Kysely työturvallisuusammattilaisille. Työturvallisuusammattilaisten rooli ja tehtävät Suomessa. Työterveyslaitos. Helsinki.

SAK. (2005) Muutoksesta murrokseen. SAK:n järjestötutkimus.

Sitran artikkeli (2018a). Mikä tekee dialogin: Dialogisen vuorovaikutuksen tunnuspiirteet ja edellytykset. Suomen itsenäisyyden juhlarahasto.

Sitran artikkeli (2018b) Kohti dialogista Suomea. Dialogin hyötyjä päätöksenteolle. Suomen itsenäisyyden jularahasto.

Suonsivu, K. (2019) Työhyvinvointi osana henkilöstöjohtamista. Kolmas painos. United Press.

124

Suonsivu, P. (2000) Yhteistoimintamenettely sairaan- hoitopiirissä. Tampereen yliopisto. Hallintotieteen laitos. Pro gradu –tutkielma.

Suonsivu, P. (2018) Osallistun ja vaikutan. Tutkimus henkilöstön vaikutusmahdollisuuksista yhteistoiminta- menettelyssä sairaanhoitopiirissä. Lisensiaatintyö. Tampereen yliopisto. Johtamiskorkeakoulu.

Suonsivu, P. (2019) Henkilöstön vaikutusmahdollisuudet yhteistoiminnassa. BoD – Books on Dermand. Helsinki.

Suonsivu, P. (2020) Tie hyviin päätöksiin terveyden- huollossa. BoD – Books on Dermand. Helsinki.

Suonsivu, P. (2021) Yhteistoimintajohtaminen terveydenhuollossa. BoD – Books on Dermand. Helsinki.

Syvänen, S. (2003). Työn paineet ja puuttumatto- muuden kustannukset. Tutkimus sisäisen tehotto- muuden lähteistä ja vaikutuksista, esimerkkikohteena kuntien sosiaalitoimen vanhuspalveluja tuottavat työyhteisöt. Acta Universitatis Tamperensis 942. Tampereen yliopisto.

Sädevirta, J. (2004). Henkilöstöjohtamisen ja sen tutkimuksen kehittyminen. Henkilöstöhallinnollisesta johtamisesta ihmisvoimavarojen strategiseen johtamiseen. Tykes raportteja 35.

Tarkkonen, J. (2005) Yhteistoiminnan ehdoilla, ymmärryksen ja vallan rajapinnoilla. Työsuojeluvaltuutetut ja -päälliköt toimijoina, työorganisaatiot yhteistoiminnan areenoina ja työsuojelujärjestelmän kehittämisen kohteina. Acta Universitatis Ouluensis. Oulu.

Tarkkonen, J. (2016) "Näin on tehty ennenkin". Tutkimus turvallisuuden ja hyvinvoinnin kokonaisharkintaa estävistä ja vaikeuttavista uskomuksista. Akateeminen väitöskirja. Acta Universitatis Lapponiensis 318. Lapin yliopisto. Rovaniemi.

Taylor, F.W. (1914) Tieteellisen liikkeenjohdon periaatteet. Suom. Jalmari Kekkonen. Hämeenlinna.

Työturvallisuuskeskus, kuntaryhmä (2006) Kunta-alan työolobarometri 2005.

Työturvallisuuskeskus (2020) Johtaminen ja esimiestyö.

Valtee, P. (1983a) Työpaikkademokratiasta kunnissa saadut kokemukset. Tampere.

Valtee, P. (1983b) Pari teesiä virastodemokratiasta. Hallinnon tutkimus. Vuosikirja osa 2.

Valtee, P. (1984a) Kokemuksia kunnallisesta työpaikkademokratiasta. Kunnallisen sopimusvaltuuskunnan toimisto. Länsi-Savo, Mikkeli.

Valtee, P. (1984b) Virastodemokratian idea "debyrokratiasoimisesta". Jatkopuheenvuoro. Hallinnon tutkimus. Vuosikirja osa 2.

Vartola, J. (2005) Näkökulmia byrokratiaan. Tampereen Yliopistopaino Oy – Juvenes Print. Tampere.

Walton, R., McKersie, R. (1965) A Behavioral Theory of Labor Negotiantions An Analysis of Sosial Interaction Systems. New York.

Wren, D. (1979) The evolution of management thought. Second edition. New York. John Wiley & Sons.

Wren, D. (2005) The History of Management. Thought 5. edition. John Wiley & Sons. New York.

Lait

Kunnallinen virkaehtosopimuslaki 6.11.1970/669

Laki työnantajan ja henkilöstön välisestä yhteistoiminnasta kunnissa (449/2007)

Laki työnantajan ja henkilöstön välisestä yhteistoiminnasta kunnassa ja hyvinvointialueella

Laki työsuojelun valvonnasta ja muutoksenhausta työsuojeluasioissa 131/1973

Laki työsuojelun valvonnasta ja työpaikan työsuojeluyhteistoiminnasta (44/2006)

Laki yhteistoiminnasta valtion virastoissa ja laitoksissa (651/1988)

Laki yhteistoiminnasta yrityksissä (725/1978)

Laki yhteistoiminnasta yrityksissä (334/2007)

Suomen perustuslaki 11.6.1999/731

Työehtosopimuslaki 436/1946

Työsopimuslaki 55/2001

Yhteistoimintalaki 1333/2021